맛있는
인천 섬 이야기

김용구 지음

[섬 이야기] 발행에 경의를 표하며

옹진문화원 원장 **태 동 철**

섬, 빙하기 수면 상승으로 인하여 바다 물이 뭍을 파고들다 힘이 모자라 조금 남겨둔 뭍이 섬이라 한다지요.

사면이 물에 포위당한 바위 덩어리들 속, 그 안에 생명 의지의 생명들이 하나하나 생명의 꽃을 피여 내니 갈매기와 더불어 사람도 살게 되고, 섬에 사는 사람들은 오직 뱃길 그 하나로 뭍과 소통하는 외진 곳, 오직 파도만이 철석철석 사랑을 보채기만 하고, 해풍은 자기 성질 따라 휘몰아치는 심술 꾼에게 시달리는 삶이기에 섬사람들은 초월자에, 자연의 신령 앞에 주술로, 설화로, 꿈으로, 온몸으로 정성 다하여 내일을 그려가며 사는 고적하고 고독한 섬마을의 삶입니다.

사람 사는 흔적 따라 이야기도 남기도, 사람의 발자취도 생기게 되는데, 그 때의 사람들은 세월이 모시고 사라지고, 썰물이 사람의 발자취 흔적들을 송두

리째 바다에 떠나보내고 있어 그 옛것의 흔적이 그립고 아쉬운 문화적 가치인 것이 자명한 일입니다.

이러한 섬마을의 삶을 속속들이 구체적이고 통계적 숫자까지 제시하면서, 현지에 살고 계신 어르신들의 생생한 증언을 통하여 글자로 표현 발표 함이 이 책의 소중한 문화적 가치입니다

특히나 현시대에 지역학에 입각한 향토 문화사의 발굴, 선양 누림에서 이 향토문화의 바른 발굴과 선양 기록하는 아카이브 (Archive) 작업이 필수적인 시대 상황에 걸맞게 향토의 묵은 이야기, 사라지고 있는 생활 풍습, 사라지려는 풍물등 그 모든 것을 섬세하게 기록 해 오신 글을 햇빛에 내놓으심은 앞으로 역사가 되고 신화가 되는 문화 가치의 보물입니다. 이의 저술에 힘쓰신 김용구 박사님께 경의를 표하며 본 섬 이야기가 우리 모두에게 삶의 귀감이 되고, 등불이 되어 섬의 고적함을, 소통의 불편 함을 극복하는 길잡이가 되기를 기원하며 우리 모두 읽기를 추천 합니다.

인천대학교 경영대학 경영학부 교수 **홍 기 용**

　인천은 바다를 접하고 있는 해양도시입니다. 대부분이 바다로 둘러 쌓여 있고, 수많은 섬을 갖고 있는 수도권의 유일한 도시입니다. 국내최초의 철도인 경인선 이외에 최초가 많은 역사도시이기도 합니다. 최근에 강화군이 인천시로 편입됨으로서 명실상부한 해양도시 및 전통의 역사도시가 되었습니다. 국제기구를 유치한 송도가 글로벌도시로 발전되었고, 국제항구인 인천항 뿐만아니라 세계적인 인천국제공항까지도 갖추게 됨으로써, 하늘과 바다를 잇는 인구 300만의 우리나라 최대의 관문도시로 발전했습니다.

　인천은 섬은 많지만 섬을 가까이 할 수 없는 도시라는 지적도 있습니다. 인천의 섬을 여행지 등으로 선택하는데 주저하는 사람이 많다는 의미입니다. 여행자원이 부족한 것에도 이유가 있겠으나, 북한과 대치하고 있는 환경적 제한도 한 몫했을 것입니다. 하지만 섬의 발전을 위한 체계적 전략의 부재가 가장 큰 원인일 것입니다.

　인천시는 섬을 재발견하여 섬을 살려야 발전합니다. 관광도시, 휴양도시, 해양도시, 국제도시, 역사도시로서 서로 아우러서 발전시켜야 합니다. 또한 많은 국민이 쉽게 접근할 수 있도록 영종도와 강화군을 육로로 먼저 연결하고,

연이어서 영흥–무의도–영종–강화를 잇는 일주도로를 건설해야 합니다. 이와 함께 섬에 대한 체계적인 연구 및 진흥을 위하여 서해남부에서 운영중인 한국 섬진흥원을 참조하여, 인천지역에도 인천섬진흥원을 조속히 설치해야 할 것 입니다.

"맛있는 인천 섬 이야기"는 인천의 섬을 재발견하고 가까이 할 수 있는 근원적 정보를 제공하고 있습니다. 인천의 역사는 물론이고, 인천해양의 특산 해산물인 조기 · 꽃게 · 홍어 · 젓새우 · 민어 등에 대한 자세한 자료가 있습니다. 바다낚시 및 트래킹 등 해양여행안내까지도 포함하고 있습니다. 본 저자는 오랫동안 인천의 섬에 대해 수많은 기고와 연구를 해 왔다는 점에서, 본 저작물은 이를 총정리한 전문가적 연구서적의 수준이라고 할 수 있습니다.

인천의 섬에 대한 저작물이 거의 없는 상황에서 훌륭한 역작을 낸 저자에게 감사의 마음을 드립니다. 이 저작물은 인천을 여행하기 위해 찾는 사람은 물론이고 지역발전에 큰 도움이 될 것을 확신합니다. 인천에 사는, 인천을 사랑하는, 인천을 여행하는, 인천을 발전시키고자 하는 사람 등이라면 꼭 일독해 보시길 권합니다. 여러분들을 위해 추천사를 쓰게 되어 매우 영광입니다.

인천광역시 시의회 의원 **신 영 희**

인천은 바다와 섬의 도시입니다. 168개의 아름다운 섬이 있지만, 정작 우리가 알고 있는 것은 그리 많지 않습니다. 「맛있는 섬 이야기」는 섬을 단순히 관광지, 여행지로 소개해 주는 책자와는 달리 근·현대사 역사의 중심지였던 흔적과 함께 자연, 그리고 주민들의 삶의 터전에서 들려오는 소리를 함께 담아내어 처음에는 무엇인가 강하게 끌리면서도 마지막에는 그 잔잔함과 함께 긴 여운이 남아있게 하는 책이라는 생각이 듭니다.

인천의 섬을 찾는 사람들이 여행 전에 읽는다면, 섬의 매력을 제대로 알고 사유하며 힐링할 수 있는, 마치 예전부터 현재까지의 시간의 기록들도 함께 체험할 수 있는 소중하고 의미있는 추억이 될 것이라 생각합니다.

사람과 자연이 함께 어우러져 생동감 있는 인천의 섬을 생생하게 경험하면서 에너지를 찾고싶다면, 「맛있는 섬 이야기」를 누구에게나 추천하고 싶습니다.

천혜의 자연을 간직한 인천 섬 곳곳에 숨어있는 보물 같은 섬들의 이야기와 가치, 의미를 되새겨 볼 수 있는 「맛있는 섬 이야기」의 발간을 다시 한번 축하드리며, 그동안 인천 섬에 대한 애정 하나로 섬에 대한 역사와 문화, 자연생태, 사람들의 삶의 이야기를 기록하고 정리하여 출판해 주신 김용구 박사님께 감사의 말씀을 드립니다.

맛있는 인천 섬 이야기

목 차

근·현대사의 중심지
인천앞바다

근·현대사 중심지, 인천앞바다

인천앞바다의 이름은 두 개다. '서해'와 '황해'가 그것이다. 서해(西海)는 한국의 서쪽 바다라는 뜻이다. 황해(黃海)는 글자 그대로 '누런 바다'라는 뜻이다. 중국 대륙의 황하, 요하, 회하, 양쯔강에서 유입되는 탁한 강물 때문에 '누렇게' 보여 이런 이름이 붙었다.

그렇다면 국제적으로 공인된 명칭은 무엇일까? 정답은 '황해'다. 우리나라에서도 공적인 문서에서는 황해라 표기하는 것이 대부분이다.

하지만 우리는 황해보다 서해라는 말에 익숙하다. '서해 짙은 안개로 여객선 운항 통제', '북, 서해로 방사포 발사' 등의 신문기사 제목에서 보듯이 언론에서도 서해를 주로 사용한다. 이는 동해나 남해처럼 한반도를 둘러싼 바다에 방위의 개념을 적용하는 게 더 자연스럽기 때문인 듯 하다. 이를 감안해 이 책에서도 인천 앞바다를 '서해'로 표기한다.

인천 앞바다, 즉 서해는 우리나라 근·현대사 역사의 중심지였다. 풍도해전에 따른 청일전쟁, 제물포 해전과 러일전쟁, 그리고 한국전쟁의 판도를 바꾼 인천상륙작전이 서해에서 벌어졌다. 지금도 NLL(북방한계선)을 사이에 두고 남북간 긴장 관계가 계속되고 있다.

1. 청일전쟁과 울도 보물선
2. 제물포 해전과 러일전쟁
3. 6.25 전쟁과 NLL

1. 청일 전쟁과 울도 보물선

1894년 동학농민전쟁이 일어나 농민군은 장성에서 승리한다. 이어 전주성을 함락시키자 다급해진 정부는 청국에 파병을 요청한다. 1894년 6월 청국은 정부 측 파병요청을 받고 북양해군 제독인 정여창에게 '제원(濟遠)', '양위(揚威)', '평원(平遠)' 등 함선을 파병하여 청국상인을 보호하라는 임무를 내린다. 아울러 2천여 명의 군인을 이끌고 동학군을 진압하라는 명령을 내렸다.

한편 일본은 한반도 지배를 위해 7,800명의 대병력을 동원한다는 계획 아래 6월 대본영을 설치하고 전쟁준비에 박차를 가했다.

청국은 2차로 영국선박을 이용하여 총 3천여 명의 지원군을 아산에 파병하려 했다. 바다에서 일본 해군의 공격을 막기 위해 '제원(濟遠)', '광을(廣乙)' 등 함선 두척을 함께 파견하여 지원하기로 한 것이다.

하지만 이처럼 병력 수송선을 아산지역으로 투입하는 청국의 계획은 일본 첩보망에 걸려들고 만다. 7월 20일 일본의 연합함대 사령관 이토는 비밀작전을 하달 받고 전함 15척, 수뢰정 6척을 이끌고 풍도 앞바다로 향했다.

사흘 후인 23일, '제원', '광을' 등 청국의 함대는 아산 앞바다에 도착했다. 그 다음날 병력수송선 '고승(高升)호'도 아산에 도착하여 청군과 군마, 군량, 마초, 무기 등을 육지로 실어 날랐다. 마침내 25일 새벽 '제원', '광을' 두 함대는 아산만에서 여순으로 귀향하던 중 풍도 앞바다에서 잠복 중이던 일본 함대 '길야(吉野)', '추진주(秋津州)', '낭속(浪速)' 등 3척 순양함의 기습공격을 받게 된다. 일본군이 먼저 청국 함대를 포격했고 청국 군함도 반격에 나선 것인데 이를 '풍도해전'이라 부른다. 이 해전에서 청국 '광을' 함대는 침몰하였고 '제원호'는 부서져서 여순항으로 돌아갔다.

'고승호'도 포를 맞고 도망가다가 울도앞바다에서 침몰하여 배에 있던 병사 1천명 중에서 700명이 사망했다. 영국 선장은 일본군에 의해 구조됐다.

풍도해전 이후 일본은 청 군함이 일본군함에 대해 포격을 했다는 구실로 청국에 선전포고를 한다. 청일전쟁의 시작이었다.[1]

고승호에서 발굴된 유물, 사진: 편도영 제공

---

1) 경기도사편찬위원회, 2004.

"청나라 배가 보물을 싣고 가다가 가라앉았다는 얘기가 전해져 내려왔는데, 어른들은 당시 얼마 안 돼 배에 실려 있던 보물은 이미 인양해 간 것으로 알고 있었어. 그 후로 몇 번 외지에서 온 잠수부들이 보물선을 찾겠다고 물질을 한 것으로 기억해."(울도 김상식)

고승호 인양에 대한 기록은 매일신보(1925년 8월 10일자)에 처음 보도됐다. 당시 보도에 따르면 "지금부터 30년 전 인천 근해 울도 근처 바다에서 일본군에 격침된 청국군용선 고승호를 지난 6일부터 잠수부 10명과 인부 30명을 현장에 파견해 인양작업에 착수했다. 선체를 잡아맬 지점을 표시 할 부표작업은 8일 새벽 일곱 시 기관부 후문에 있는 주방에 한 줄을 무사히 잡아매어 선체가 있는 지점은 누구든지 알게 되었다"고 적혀있다.

동아일보(1935년 2월 24일자)에도 "3천만 원의 시가를 가진 은괴가 바다 속에서 구원의 손길을 기다리고 있으며 작업이 착착 진행 중이며, 고승호는 영국소유 상선으로 청국 임대권으로 보증금 4만 파운드를 걸고 사용한다. 로이드북이라는 역사자료에 의하면 이 병선은 멕시코 은과 마제은 합하여 5톤(현 시가로 환산하면 3천만 원), 병정과 무기를 싣고 7월 21일 중국을 떠나 25일 인천항으로부터 서남 40마일의 지점에 있는 울도의 남방 동경 126도 북위 37도의 지점에 침몰되었다"고 보도하고 있다.

울도 보물선에 대해 알려지기 시작한 것은 2001년 이다. 당시 A기업이 덕적면 울도 근방에서 침몰한 것으로 알려진 '청나라 고승호'에 대해 매장물 발굴 신청을 했는데 인천지방해양수산청이 조건부로 승인을 한 것이다.

발굴 작업은 1차로 2001년 3월 1일부터 6월 30까지, 2차는 6월 17일부터 7월 18까지, 3차는 2002년 10월 1일부터 10월 31까지 총 3차례 시도했다. 고승호가 침몰된 장소는 덕적면 울도 서남방 1.8km지점(위도 N 37°00′, 경도 E 126°59′)이며, 수심은 깊은 편이었다.

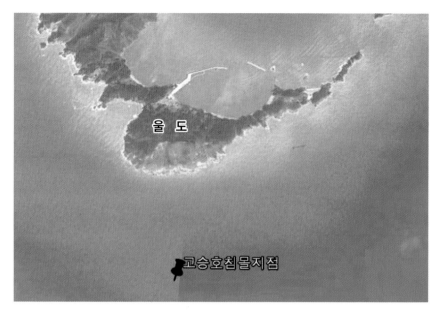

울 도

고승호침몰지점

고승호 침몰 지점

보물선 인양을 시작한 후 A기업은 은화 외에도 은수저, 소총, 파이프, 동전류, 맥주병, 와인병 등의 부장품들을 발견하자 기업의 주식은 폭등하기 시작했다.

그 후 2011년에 보물선 발굴 작업이 다시 시도된다. 당시 A기업이 고승(高升)호를 인양 할 때 발굴팀장을 맡았던 편도영씨가 다시 발굴 작업에 나선 것이다.

"고승호 발굴 작업 당시 잠수부가 들어가 보니 주변이 무덤식으로 되어 있었고 제일 높은 지점에서 3~5m 정도를 파다보니 고승호가 나왔지. 수심은 약 22~30m로 깊은 편이었어."

모래가 1.3m로 쌓여있고 6.7m 뻘 밑에 고승호가 있더라고. 우선 배의 침몰 위치를 파악한 후 부표로 표시했지. 그리고 설계도면을 보고 사전 조사를 끝

낸 뒤 시카줄(다이버가 들어갔다 나왔다 하는 줄)을 설치하고 발굴 방법에 대해 다이버들과 논의했어. 당시 후드펌프(Hood Pump)를 임대해 모래와 진흙을 하루에 약 1만 루베(가로, 세로, 높이를 곱한 체적) 정도 뽑아냈던 것으로 기억해. 모래와 진흙은 바다로 흘려 보내면 부피가 큰 것들이 걸리는데, 캐러멜 크기 한 냥(37.5g)정도의 납찌꺼기가 나오더라구.

　나중에 잘 세척해서 보니 은괴였어. 유골도 10구 정도가 나왔지. 총기류도 많이 발굴됐어. 2차 작업 할 때 맥주 및 포도주병도 나왔는데, 타이나닉호에서 발견된 포도주 1병이 1억불에 경매된 것처럼 이런 포도주는 고가로 취급되지. 3차 발굴 때에는 조류가 너무 세서 한 달 정도 작업 기간 중에 1주일 정도 작업을 할 수밖에 없었어."(편도영)

보물선(고승호)에서 발굴된 은괴 등 유물들. 사진 : 편도영 제공

고승호는 석탄을 연료로 사용하는 증기기관선 이었던 것으로 추정된다. 발굴된 유물을 토대로 고승호를 재현해 보면 3층 구조에 맨 아래 기관실이 위치해 있었을 것으로 짐작된다.

당시 고승호 발굴 작업에서 은괴, 은화 이외에도 금 · 은수저, 소총, 아편 파이프, 도자기 파편, 와인병, 맥주병과 청나라 병사로 추정되는 유골 수십 구도 함께 발견됐다.

"학자들은 고승호를 군함이라 하는데, 고승호는 로이드 해상보험에 가입되어 있는 상선이야. 군함은 보험에 가입 할 수 없어. 하지만 고승호에는 독일제 구리(동)로 만든 대포 14문이 장착돼 있었어. 당시 배에는 중대장, 장군, 한성전기(주), 독일인 등이 타고 있었고 생존자 중에서 태안까지 헤엄쳐서 나온 이들도 있다고 해. 이들 생존자 중 일부는 홍주성에서 의병들과 합세해 일본군들과 싸운 기록이 있어."(편도영)

당시의 보물선 발굴 작업에 대해 현지 주민들은 어떻게 기억할까? 다음은 현지 주민의 전언이다.

"보물선을 찾는 사람들은 여기 울도에 숙소를 정하고 일을 했어. 이들에게서 보물선에서 금은 보화가 많이 나왔다는 얘기를 들었지. 하지만 그 사람들이 무슨 작업을 했는지 구체적으로 말해 주진 않았어. 그래서 여기 주민들은 보물선에 대한 실체를 잘 몰라. 그런데 잊어버릴 만 하면 한 번씩 와서 바다속을 뒤집고 간단 말이야. 3~4년 전에도 그들이 작업을 하다 간 것으로 기억해."(울도, 김상식)

2. 제물포 해전과 러일전쟁 [2]

　1904년 2월 8일 일본 어뢰정이 제물포항을 출발해 중국 뤼순항으로 이동하려는 러시아 배 카레예츠호를 향해 포격을 가하여 러일전쟁이 시작되었다.

　앞서 일본은 청일 전쟁에서 승리한 뒤 한반도 지배를 위해 더 호전적으로 변하고 있었고 러시아와의 대결을 위해 병력을 조선으로 옮겼다. 전쟁이 발발하기 며칠 전 러시아는 카레예츠호를 직접 뤼순항에 보내려고 제물포항을 출발하였던 상황이었다.

　일본으로부터 공격을 당한 카레예츠호는 인천항의 중립 해역으로 피항하고 일본군의 발포 사실을 바랴크호에 알린다. 바랴크호는 제물포항에 정박해 있던 외국 함대에 일본의 위법적 공격을 알리고, 중립항인 제물포항에서 러시아 군함을 공격한 것에 항의를 하였다. 외국 함대들이 일본군에 항의서를 보냈으나, 일본군은 2월 9일 정오 전에 제물포항을 떠나라고 외국함대에게 통첩을 하게 된다. 결국 바랴크호는 일본과 최후의 결전을 벌이게 된다.

　2월 9일 오전 바랴크호와 카레예츠호는 제물포항을 출항했고, 팔미도 해상에서 일본 군함의 포격이 시작됐다. 당시 일본 함대는 순양함 6척, 어뢰정 8척으로 구성돼 있었고 러시아는 카레예츠호와 바랴크호 2척으로, 러시아는 14대 2의 열세에서 전투를 하였다.

---

2) 목동훈. 경인일보, 2011.8.30 참조

러시아 순양함과 러일간 제물포전투 모습. 사진: 총무처 정부기록보존소

제물포해전에서 바랴크호는 큰 피해를 당했고, 카레예츠호와 함께 제물포 항으로 되돌아오게 된다. 이들 군함이 제물포항으로 들어가자 일본 군함도 포격을 중지했다.

바랴크호는 더 이상 전투를 할 수 없는 상황이었다. 바랴크호는 부상자들을 작은 배에 실어 외국 함선에 보내고 러시아군은 바랴크호의 밸브와 급수용판을 열어 스스로 배를 침몰시켰다. 카레예츠호는 탄약 창고를 폭파시키는 방식으로 수장됐다. 일본에 전리품을 통째로 내주지 않겠다는 이유에서였다.

일본은 제물포항에서 러시아 군함과 대치하고 있을 당시 수송선을 이용해 약 3천명의 군사와 군마 등을 제물포항에 상륙시켜 서울을 점령한다.

2월 12일, 러시아 공사가 철수함에 따라, 대한제국과 러시아는 국교가 단절되었고 침몰한 러시아의 함정은 뒤에 일본군에게 인양되어 일본군 함정으로 개조되었다. 청일전쟁(1894~1895년) 당시 인천 제물포항으로 상륙하여 서울을 점령했듯이, 일본은 러일전쟁(1904~1905년) 때도 마찬가지로 제물포항 등을 통해 한반도에 상륙해 서울을 점령하였다. 일본은 인천 앞바다에서 '바랴크 깃발'을 걷어 자유공원 '인천향토관' 전시실에 내걸었고, 이 깃발은 해방 뒤 인천시립박물관의 수장품이 되었다.

1904년 러일전쟁 제물포해전 때 인천 앞바다에 가라앉은 러시아 바랴크호

의 깃발은 107년이 지난 2011년
러시아에 2년 임대하였다.

최근 인천시립박물관 야외에
제물포 해전 러시아 포탄이 전시
되어 있다.

사진 : 인천시립박물관 야외에 전시된
제물포 해전 러시아 포탄

3. 6.25 전쟁과 NLL(Northern Limit Line) [3]

1950년 6월 25일 북한의 남침으로 6.25 전쟁이 시작되었다. 1951년부터 휴
전 회담이 열리기 시작하여 1953년 7월 휴전협정이 체결되었다.

휴전회담에서 군사분계선과 비무장지대 설정은 회담 의제 선정 이후 첫 번째
로 다루어진 의제였다. 군사분계선 설정을 둘러싼 쟁점은 공산군측의 '38도선'
주장과 유엔군의 '현전선' 주장이었지만 최초에 유엔군은 해군력과 공군력을
감안하여 지상분계선을 양측의 대치선보다 훨씬 북쪽에 설정하기를 고집했다.

결국 양측은 휴전협정이 체결되는 시점의 '대치선'을 군사분계선으로 설정하
는 데 합의했다. 지상분계선은 양측의 군사력이 팽팽하게 맞선 실질적 대치선
이었던 것이다. 문제는 해상관련 조항이었는데 우여곡절 끝에 해상 관련 조항
은 다음과 같이 합의하였다.

※ 한강 하구를 쌍방 선박에 대하여 개방한다.

---

3) 김보영, 한국전쟁 휴전회담시 해상 분계선 협상과 서해 북방한계선(NLL),사학연구 제 106호,2012.참조

※ 휴전협정 발효 후 5일 이내에 상대방의 후방지역, 연안해역 그리고 연안 도서로부터 모든 군대 및 장비를 철수한다.

※ 유엔군사령관은 백령도, 대청도, 소청도, 연평도와 우도를 계속 지배한다.

1953년 제작된 한국정전협정 제2권 지도편 17페이지.
미국국립문서기록관리청 백령도, 대청도, 소청도. 연평도, 우도

7월 25일 휴전협정 체결 직전까지는 현재 북한 치하의 모든 섬들을 유엔군과 국군이 점령했었으나, 백령도, 대청도, 소청도, 연평도와 우도 서해 5도를 계속 지배한다고 합의 하였다.

1953년 8월 30일 당시 유엔군 사령관이었던 미 육군대장 마크 클라크 장군이 설정한 대한민국과 북한의 서해 및 동해 접경 지점의 경계선이 NLL(Northern Limit Line)이다.

아군 함정 및 항공기 초계활동의 북방한계를 규정해 남북 양측 간에 일어날 수 있는 충돌을 방지한다는 목적에 의해 NLL을 설정했는데 지금은 사실상의 해상경계선이자 군사분계선이 되었다. 한국정부와 해군에 의해 '북방한계선'이라는 이름으로 통용되었다.

북한은 1957년 11월 휴전 이후 처음으로 자신들의 12해리 주장을 관철시키기 위해 서해에서 남한어선 56척을 나포했다. 남한 당국은 어선 납북을 막기 위해 1958년 북방한계선 밑에 어업통제선과 어로한계선을 설정했다. 하지만 거리측정 장비가 허술한 남한의 소형 어선이 어업통제선을 자주 넘자 남한 당국은 다시 '마지막 저지선' 개념으로 어로저지선을 설정했다. 어로저지선은 남한 어선들이 넘어서는 안 될 선이기 때문에 적색선이라고도 불린다.[4]

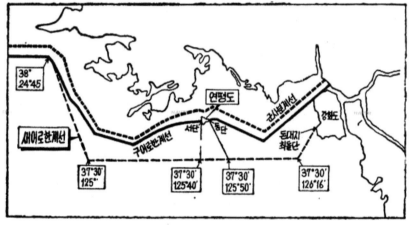

어로저지선 (1969.2.27. 동아일보)

어로저지선(적색선)은 북방한계선 4.5마일(7.2km) 남쪽에 위치하며, 어로저지선 1.5~2마일(2.7~3.6km) 밑에 연평어장 등 어장 주변에 설정한 조업구역 경계선인 어업통제선, 어업통제선 바로 밑에 어로한계선이 있다.

「선박안전 조업규칙」 제3조(어로한계선) 2항에 서해 어로한계선은 서해 5도에 속해 있는 백령도, 연평도, 대청도, 소청도 남쪽까지이며, 어업활동은 어로한계선까지만 허용하였다

4) 김보영, 한국전쟁 휴전회담시 해상 분계선 협상과 서해 북방한계선(NLL),사학연구 제 106호,2012.

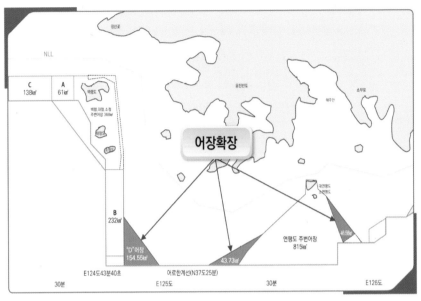

자료: 해양수산부 보도자료(2019.2.20.)

어로저지선(어로허용선)이란

　어업 및 항해의 안전을 목적으로 동해와 서해의 접적해역(接敵海域)에 정한 어업규제선으로 어로허용선을 의미한다.

　동해와 서해의 출어선이 불법으로 북한해역을 왕래하는 사례가 빈발하여 국방부 요청에 따라 1964년 6월 29일 농림부가 농림부령으로 어로저지선(漁撈沮止線)을 북위 38°35′45″에 처음 설정하였다.

1967년 1월 19일 동해에서 해군56함이 북한해군에 피격, 침몰됨에 따라 1967년 12월 5일 수산청훈령으로 어로저지선을 2마일 남하, 북위 38°34′45″로 조정하였으며, 그리고 해양경찰대 건의에 따라 1969년 3월 10일 내무·국방·법무·농림 4부 합동부령으로 동해에서는 5마일, 서해에서는 5~7마일 다시 남하, 북위 38°33′으로 조정하고 명칭도 어로한계선으로 바꾸었다.

1992년 9월 어로한계선에 관한 부분 개정으로 황해의 20개 지점을 정해 각 점을 연결하는 선을 어로한계선으로 규정하고 있다.

1994년 1월부터는 어로한계선을 어로허용선으로 이름을 바꾸고, 동해의 어로수역을 38°33′에서 38°34′으로 확대하였다.

(한국민족문화대백과, 한국학중앙연구원)

한국전쟁 이후에도 서해에서는 세 차례에 걸친 남북 간 교전(1999, 2002, 2009)과 천안함 피격사건, 연평도 포격사건이 벌어지는 등 인천의 서해5도 지역은 아직도 남북한 간 군사적 충돌 위험성이 큰 지역 중의 하나이다.

이에 정부에서는 2018년 4.27 판문점 선언과 9.19 평양공동선언을 통해 남북협력에 커다란 진전을 이룩하였다.

평양공동선언에서 합의한 서해경제공동특구 건설은 구체적 사업이 적시되지는 않았지만, 판문점 선언 제2조 6항에 10.4선언에서 합의한 사항들을 우선으로 추진한다고 되어 있어 서해평화협력특별지대 설치 합의를 승계한다고 볼 수 있다.

서해평화협력지대는 ▲남북공동어로 구역과 평화수역 설정 ▲해주경제특구 건설과 해주항 활용 ▲민간선박의 해주 직항로 통과 ▲한강하구 공동이용 등으로 구성되어 있다. 따라서 서해경제공동특구의 핵심지역은 인천과 서해5도 지역이며, 서해경제공동특구와 서해평화협력지대의 실현은 남북한 공동번영의 견인차로서 인천의 역할을 부각시키고 있다.

그동안 인천은 남북교류협력의 중심축을 담당하면서 남북한 화해와 협력을 주도해 왔다. 1984년 남한이 수해를 입었을 때 북한이 보내온 수해 구호물품이 인천항을 통해 처음으로 반입되면서 인천시 최초 남북교류협력의 계기가 되었고, 2010년 5.24 조치 이전까지 인천항은 남북한 간 해상 교역물자 운송의 중심 항구로서 기능하였다.

남북 간 해상운송은 동해와 서해 각각 정기항로와 부정기항로를 통해 이루어져 왔는데, 정기항로는 서해의 인천-남포 항로와 동해의 부산-나진 항로가 있었다. 인천-남포 항로가 개설된 1998년부터 남북교역이 전면 중단된 2010년까지 인천항을 통한 반입액은 같은 기간 전체 반입액 58억9,687만 달러의 49.8%를 점유하는 29억3,637만 달러, 반출액은 동 기간 전체 반출액 71억6,469만 달러의 28.7%를 차지하는 20억5,830만 달러를 기록하는 등 인천항은 대북교역 1위 항만으로서 위상을 지니고 있었다.[5]

인천은 남북교류협력이 재개되면 인천항과 인천국제공항을 활용한 남북교류협력의 서해안 중심축 기능을 담당함으로써 한반도 평화와 번영을 주도하는 평화도시로서의 위상을 높일 수 있다.[6]

---

5) 남북교류협력지원협회, 2016.
6) 인천연구원, 평화도시 인천 비전 및 전략 연구, 2019년.

1

연평도 조기가 사라진 이유

연평도 조기가 사라진 이유

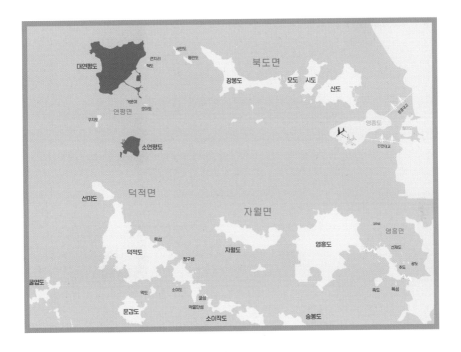

　인천시 옹진군 연평도는 인천에서 서북방 122㎞에 위치해 있으며 대연평도
와 소연평도 2개의 유인도와 4개의 무인도로 이뤄져 있다. 연평도는 북방한계
선(NLL)에서 3.4㎞ 거리에 있다. 1999년 제1연평해전과 2002년 제2연평해
전 그리고 2010년 11월에는 북한의 포격 도발을 겪은 '아픔의 섬'이다.

　한국전쟁이 휴전에 들어가고 몇 년 후인 1957년의 연평도 인구는 3,074명(
대연평도 2,831명 소연평도 243명)으로 그 중에서 피난민이 1,000~1,100명
정도였던 것으로 파악된다. 이후 인구는 점차 감소하여 2021년 2월 현재 전체
2,031명(대연평도 1,924명, 소연평도는 107명)이 살고 있다.

　1967년 연평도 인구는 3,000명 정도였으나, 조기잡이 때가 되면 1,500~

1,700척 정도의 어선이 모여 어부가 13,000명, 접객업자가 100명, 접대부가 200명, 중간 상인이 500명 정도로 인구가 13,400명 정도로 크게 증가하여 인구 이동이 심했다고 한다.[1]

조기는 농어목 민어과에 속하며 참조기, 수조기, 부세(흰조기), 흑조기 등으로 구분하는데 보통 우리나라에서 조기라 하면 참조기를 가리킨다. 조기를 염장하여 만든 식품이 굴비이다. 중선망으로 잡은 조기를 중선조기, 주목망에 잡힌 조기를 투망조기, 닻배에 잡힌 조기를 닻배조기, 살에 잡힌 조기를 살조기라 부른다. 곡우때 알을 품고 있는 조기를 살로 잡은것을 곡우살조기 · 곡우살굴비라 하며 최고로 취급한다.

참조기(참조기는 머리에 다이야몬드 형태가 있다)

---

1) 이양숙, 연평도근해의 조기어업, 錄友研究論集9, 이화여자대학교 사회과학과,1967.

조기는 겨울에 제주도 서남방 및 상하이 동쪽 등지에서 월동한다. 3월 초순경(곡우 전후)이 되면 참조기는 떼를 지어 북상을 시작하여 3월 하순에서 4월 중순경에 전북 위도 칠산 부근에 머물렀다가 4월 하순부터 5월 중순 사이에 산란을 위해 연평도로 올라온다. 6월 상순경에는 압록강 대화도 부군, 6월 하순에는 발해만에 이르러 산란한다. 산란을 마친 조기는 늦가을에 월동장소인 제주도 서남방 및 상하이 동쪽 등지로 이동하는 것으로 알려졌다. 산란중에는 떼를 지어 바다 밑 가까이 헤엄쳐 다니다가 개구리 소리와 비슷한 울음소리를 내면서 물위로 뛰어올라오는 습성이 있다고 한다.[2]

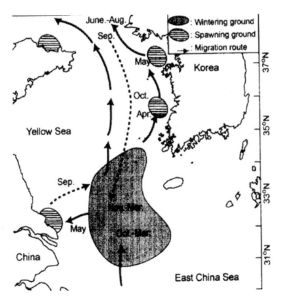

자료: 백철인외, 한국연근해 참조기 어장 특성

2) 정문기, 조선어도보, 일지사, 1977.

일제강점기의 우리나라 조기 어획량을 보면 안강망의 도입으로 1924년 36,144톤에서 계속 증가하여, 1939년 78,863톤으로 최고를 기록한다.

조기전국어획고, 필자 재편집 단위: 톤, 자료:국립수산과학원

안강망 어선이 들어온 시기와 비슷한 시기인 1908년 경 동력선(動力船)이 등장하였다. 연평도 경우, 1938년에 조기를 잡기 위해 모여든 어선 750척 중에서 동력선이 50여 척이었다고 한다.[3]

어선의 동력화는 우리나라 어선과 어업의 변화에 커다란 역할을 했다. 대체적으로 해방이전까지 높은 어획고를 유지한다.

해방이후 다시 어획고가 증가하여 1948년 59,054톤을 기록한다. 6.25전쟁 전후 혼란기를 지나, 휴전 이후 회복하기 시작하여 1957년 34,788톤을 기록한다.

---

3) 서종원, 조기잡이 어업기술의 변화양상 고찰-그물 어업을 중심으로-, 도서문화 제34집, 2009.

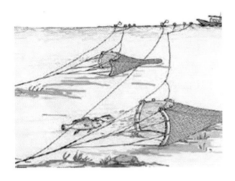

안강망(鮟鱇網) 어업

안강망 어업은 조류가 빠른 곳에서 조류에 의해 어구가 밀려가지 않게 고정해 놓고, 어군이 조류의 힘에 의해 어구 속으로 밀려가도록 해서 잡는방식의 어업을 말한다. 어구의 형상은 입구가 넓고, 길이가 긴 자루 모양의 그물로 구성되어 마치 아귀처럼 되었다고 하여 안(鮟아귀안)강망 이라 부른다.

자료: 수산정보포털
https://www.nifs.go.kr/page?id=mimetic

"어른들 말씀에 일제 강점기에는 일본군 부식용으로 조기를 염장했었습니다. 초등학교 학생들까지 동원되어 조기말리기에 동원되어 부역을 하곤 했지요. 초등학교 4학년 때 해방이 됐는데 당시에도 조기는 엄청 많이 잡혔습니다. 어구 어망이 면사여서 조기가 많이 잡히면 어망이 터질 정도였으니까요. 배가 들어오는 날에는 조기를 주워 그날 하루 배부르게 먹었던 기억이 있습니다"

(연평도 조홍준)

조홍준 어르신은 이곳에서 나고 자라 현재까지도 이곳에 살고 있다. 그의 말에 따르면 해방 후 전국에 있는 어선들이 다 이곳에 모여들었기 때문에 항구는 언제나 이중 삼중으로 배가 정박 되었을 정도였다. 당시만 해도 항구에 늘 1천여척의 배가 정박해 있었고 항구에 술집들도 번성했다.

파시가 형성될 당시만 해도 이곳은 제2의 서울이라 불릴 정도였다. 거리는 서울 명동 못지않게 항상 사람들로 붐볐다. 60년까지만 해도 이곳 항구에만 다방이 7~8개나 있었고, 도심에서도 볼 수 없던 '맥주홀'이 영업을 했을 정도였다.

조홍준 어르신은 1964년에 연평도에 있는 어업조합에 입사했다. 그 당시 서해어로지도본부가 설치돼 4월부터 6월 조기잡이가 한참일 때 임시로 근무 했다. 조기 철이 끝나는 6월 말경이면 어로지도본부가 철수 했다.

연평도에서 잡힌 조기는 평안도, 황해도, 경기도 전 지역을 비롯해 강원도 일부까지 유통되었다고 한다. 다음 표는 연평도 조기의 집산지 · 소비지이다.

연평도										
집산항	인천	경성 마포	연백군 영성	연백군 해성면	해주항 읍천리	옹진군 부진리	결성	용오도	진남포	평양
소비지	인천 경성	경성, 경기도, 강원도 일부	영성	연백군, 개풍군	황해도 해주군, 강원도 일부	황해도 남부 일원	황해도 일원	평양, 황해도 일원	평양 이서 남방	평양, 사리원 부근, 황해도 북부 일원

자료: 연평도 조기 집산지 · 소비지, 정문기

연평도에서 잡은 조기는 배에 실려 주문도 응구지(어류 집산지, 인천시 강화군 주문도 현재 초등학교 근처 포구)에 정박했다가 서울로 운송했다고 한다. 응구지에는 1940년내 말까지 가옥 13채, 종업원 30~40명 되는 식당과 술집이 성업중 이었다고 한다. 응구지는 강화 10경중 하나이다.

강화 10경 (한상훈)

서도어가 엠평바다 조기배에 댓고쟁이   (西島魚歌) (엠평바다= 연평바다)
만선기가 보일때에 선착장에 동네잔치   (滿船猣)

벌였는데 응구지에 술집기생 먼저나와   (응구지=서도면 주문1리)

화장냄새 풍겨대니 선원들이 싱숭생숭

싱글벙글 선원부인 아주머니 속이상해

이불쓰고 한 숨 을 푸우욱푹 쉬어댄다

어야좋다 어야디야

주문도 웅구지

교동도 죽산포(교동면 교동서로 497-31)는 6.25이전에는 인근 어장의 조기, 새우잡이 배들이 마포나 서울로 들어가기 전에 기항했던 포구로 유흥시설과 상업 시설이 있었다고 하나 현재는 작은 어항이다.

"원래 조기어장은 북방한계선(NLL, Northern Limit Line) 대수압도와 소수압도 등 지금의 NLL 위쪽에 위치했었지. 그래서 어선들이 조기를 많이 잡으려 밤에(조기는 야행성 어종) NLL를 넘어 조업을 나가곤 했어. 당시 북쪽에서 대포를 쏘고 우리 어선을 많이 납치해 갔지."(연평도 조흥준)

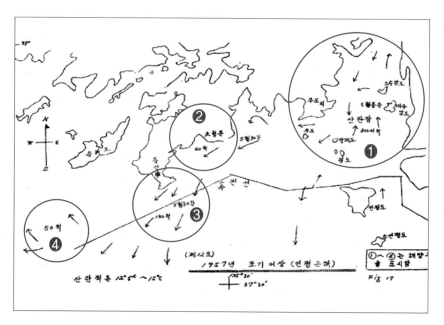

1957년 연평근해 조기어장 지도. 자료: 국립수산과학원

1957년 연평도 조기어장 지도를 보면 지도 ①지역의 경우, 5월 중순경 갈도, 장재도, 대수압도, 소수압도 사이가 조기 산란장으로 약 800척의 배가 조업을 하고 있다.

NLL ③,④ 지역에서는 5월 30일에 등산곶 아래 현재 NLL선에 130척, 왼쪽으로 약 50척의 배가 조기잡이 조업을 하고 있다. 이 지도를 보면 연평도 조기어장은 NLL북쪽에 형성되어 있어 북한과 충돌은 불가피하다.

1955년 5월 10일 북한은 조기잡이를 하던 우리 어선에 기관총을 집중사격했다. 또 1958년 4월 29일 다복호는 운항 중 북한의 경비정에 납치됐다. 이 밖에 1959년 7월 30일에 대창호외 선박 6척이, 1964년 3월 20일에 보성 1,2호가, 1966년 6월 17일 대성호, 순복호, 금융호, 세창호, 축복호 등 5척이 납치됐다. 그리고 1968년 1월 23일 동해안에서 미 해군 '푸에블로'호가 북한군에 의해 나포되어 큰 충격을 주었다.

우리나라 조기잡이 어선에 대한 북한의 공격과 납치가 잦아지자 정부에서는 어민들의 보호를 위해 어로저지선을 설정하고 3회에 걸쳐 남하했다.

1964년 6월 어로저지선을 처음 설정하고 1967년과 1969년 3차에 걸쳐 어로저지선을 남쪽으로 이동한다.

어로저지선이 남하한 후 연평도(인천) 조기어획량은 1964년 16,777톤(전국어획고 36%)에서 1969년 6,181톤(전국어획고 20%), 1974년 4,140톤(전국어획고 8%)으로 크게 감소한다.

연평도(인천) 조기어획량은 1964년(16,777톤) 기준으로 1974년(4,140톤)에 75.3%가 감소했다. 결국 어로 저지선이 남하하면서 연평도에서 조기가 사라진 셈이다.

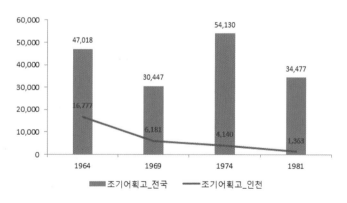

자료: 수산청, 필자 재편집 (단위:톤)

경향신문(1969년 3월 22일자)은 "어로저지선 남하로 2만 명(3천4백 가구)의 영세어민이 직접 피해를 입게 됐으며 연간 5억6천만 원의 피해를 입을 것"으로 보도하기도 했다.

"어로저지선이 남하된 후 연평도에서 조기가 잡히지 않았어. 1968년 어로지도 본부도 연평도에서 철수하였고 어선 소유자는 전부 덕적도 북리로 가버렸지. 연평도에선 잠시 대체산업으로 김 양식을 시작했어. 나도 수협직원을 그만두고 김 양식을 시작했던 것이 그때였던 것 같아"(연평도 조홍준).

한편, 연평도 조기가 사라진 이유 중 하나로 어구, 어망의 도입이 꼽힌다. 1960년대 안강망 및 유자망 도입으로 많은 양의 어획고를 올릴 수 있었다.

유자망(流刺網, drift gill net)
기다란 띠 모양으로 된 직사각형 그물감의 상단과 하단에 각각 발돌을 부착하여 상하로 전개되도록 한다. 조류를 따라 그물을 흘려보내 물고기가 그물코에 걸리거나 감싸게 하여 사용하는 어망 도구
자료: 수산정보포털

"해방 전후에는 범선과 안간망이 주류이었으나, 어선들이 조금씩 좋아져 기관을 장치한 배가 등장하고 발동선이 생겼어요. 1960년대 들어서는 안강망 및 유자망을 사용하여 조기어획량이 급증했지요"(연평도 조홍준)

"60년대 5 · 16이후 개발정책으로 어업에 대해 자금융자와 면허를 많이 내주었지. 덕적도에서는 3명이 배를 건조했는데 우리 집은 선미호(18톤급)를 건조하여 70년 중반까지 운항했어. 60년대 당시 나일론으로 만든 일본 어망이 수입되고 유자망이 보급되어 몇 십 배 이상의 고기를 잡아 올렸지. 최고의 전성기를 누렸는데 몇 년 잡으니까 고기가 멸종되고 말았어. 60년대 말 서해에

서 조기, 민어 등 주 어종이 멸종되는데 그 이유는 유자망 때문이라 볼 수 있지"(덕적도, 송은호).

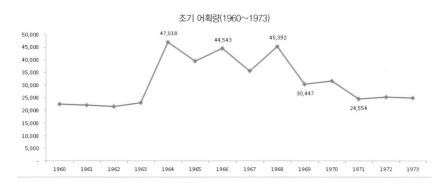

조기 어획량(1960~1973)

1960년대 조기어획량, 자료:수산청,통계청, (단위:톤)

안강망 및 유자망의 도입으로 1964년 47,018톤으로 조기어획량이 급증하기 시작한다. 1968년 45,392톤으로 최고를 기록하다가 감소하기 시작한다. 1964년 기준으로 1971년도에는 24,554톤으로 약 51.2% 감소한다. 안강망 및 유자망(流刺網)의 보급에 따라 조기가 감소하자 어민들은 조기가 회유하는 회유로를 따라 남쪽으로 이동을 하기 시작하였다.

"국내에서 어종이 고갈되자 1970년대 초 48시간 이상 배를 타고 동중국해(양쯔 강 하류)까지 진출하여 갈치, 병어를 주로 잡았지. 그 당시 중국 어업 기술은 우리보다 못했지. 그런데 우리 어선들이 중국 그물을 끊어 와서 만석부두(연안부두가 개발되기 전 부두)에 자랑하듯이 전시하기도 했어."

(덕적도, 송은호)

2000년대 이후 제주도 및 추자도 근방에서 월동기에도 조기를 잡았다. 조기는 동중국해에서 월동하다 산란기때 우리 연안으로 올라오는 회유성 어종이라 연평도까지 올라오지 못해 조기를 찾아 볼 수 없게 되었다.

"지금은 조기가 조금 잡히고 있어. 그런데 조기가 크지 않는 것으로 봐서 봄에 적은 숫자가 올라와서 산란한 새끼들이 그물에 걸리는 게 아닌가 싶어. 북방한계선 근처에 우리 어선들은 쉽게 가지 못하는 데 중국 배들이 와서 다 잡아 가는 것 같아 속이 부글부글 끓어."(연평도 조홍준)

판매중인 연평도 참조기(경주민박)

1964년 최숙자의 '눈물의 연평도'란 유행가가 나오고 초등학교 교과서에 연평도 조기가 소개되기도 했다.

조기를 담뿍 잡아 기폭을 올리고

온다던 그 배는 어이하여 아니 오나

수평선 바라보며 그 이름 부르면

갈매기도 우는구나 눈물의 연평도

태풍이 원수더라 한많은 **사라호**

황천 간 그 얼굴 언제 다시 만나보리

해 저문 백사장에 그 모습 그리면

등대불만 깜박이네 눈물의 연평도

그러나 사라호 태풍은 사실 1959년 경상도 해안으로 상륙하여 피해를 주었
고, 연평도에 큰 피해를 준 것은 1958년의 그레이스 태풍이다.

아래 그림은 1959년 사라호 태풍 경로이다. 부산지방으로 지나가 경상도 쪽
에 큰 피해를 주었다.

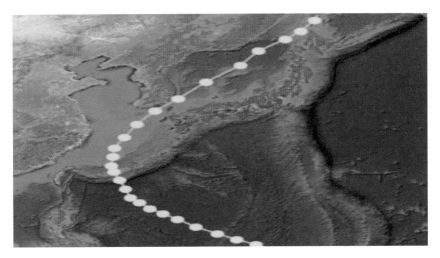

1959년 사라호 태풍 경로. 자료: 위키백과

"1958년 9월 4~6일 태풍 그레이스가(사람들이 잘못 인식한 건데 59년 사라호 태풍은 남해안이나 부산근처에 큰 피해를 입혔다.) 덕적도를 중심으로 지나가는 바람에 새우잡이 배들이 태풍에 속수무책으로 당했지. 배가 부서지고 조그만 배들은 바람 따라 쫓아가다 보니 북한으로 넘어 갔지. 그때 대부분 북한에서 돌아왔는데, 당시 북한에서 회유하고 조금 잘해주니까 거기서 산 사람도 더러 있어."(덕적도 송은호)

동아일보(1962년 8월 18일자)에는 "태풍 그레이스 인하여 이재민 1만3천477명, 덕적도 피해액이 1천1백9십만 원에 이른다"고 보도됐다.

2

연평도 명품 꽃게

연평도 명품 꽃게

조기가 사라진 자리 꽃게가 등장하다

연평도 꽃게

연평도 꽃게 조업은 언제부터 본격적으로 시작했을까?

"어로저지선이 남쪽으로 내려온 뒤에는 조기를 잡을 수 없게 되자 연평도에서도 김 양식을 시작했어. 그때만 해도 바다가 깨끗했거든. 김은 상당히 맛이 좋아 일본으로 수출도 했어. 그런데 어장관리도 미숙했고, 게다가 갯병이 돌아

김양식도 오래가지 못했어. 70년대 중반이후 작은 배를 가진 사람들이 섬 주변에 말뚝을 박아 그물을 치고 꽃게를 잡기 시작했지." (연평도 조흥준)

꽃게는 한국, 중국, 일본, 대만에 분포하고 수심 2~110m 연안해역의 모래나 모래진흙에서 서식한다. '꽃게'란 이름의 유래는 흥미롭다.

꽃게에는 뚜껑이라 불리는 갑의 양쪽에 뾰족한 가시가 있는데 이를 '곳'이라 한다. 곳이 있는 게라고 해서 '곳게'라고 하다가 이것이 '꽃게'로 되었다고 한다. 꽃(花)하고는 전혀 상관이 없는 게가 꽃게인 셈이다.

갑각의 모양은 옆으로 퍼진 마름모꼴이다. 이마에 3개의 돌기가 있으며 가운데 돌기는 아래쪽으로 휘어져 있다. 갑각의 어깨에는 9개의 톱니모양 이가 있는데, 끝에 난 이는 크고 날카로우며 옆으로 튀어나왔다. 집게다리에는 보라색 바탕에 흰점무늬가 있다. 집게다리는 크고 억세며 긴마디 앞모서리에 4개의 날카로운 가시가 있다. 마지막 다리의 끝부분은 넓적해서 헤엄치기에 알맞다. 다리수는 5쌍이다.

동중국해 및 제주도 남쪽에서 겨울에 월동을 하며 우리나라로 이동하는데 산란기는 5월에서 9월이며 산란 성기는 6월에서 7월이다. 개체당 1년에 3~4회 산란하며 성숙체장은 11.0㎝(갑폭)이다.[1]

---

1) 정문기, 한국어도보, 일지사, 1997.

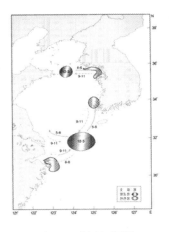

자료: 국립수산과학원

　꽃게는 1969년 일본에 수출을 시작한 이래 1970년대 대일 수출의 중요한
품목이었다.

　동아일보(1970년 3월 17일) 보도에 따르면 당시 꽃게는 외화벌이 수단으로
비행기에 실려 수출됐다. 사람도 어지간한 살림형편으로는 타기 어려운 비행
기를 꽃게가 이용할 수 있었던 것은 배로 운반할 경우, 일본까지 가는 도중에
많은 수가 죽어버렸기 때문이다.

　매일경제(1972년 3월 13일)에는 "수협 경기도지부는 오는 4월부터 성어기
를 맞아 대일무역에서 호평을 받는 수산물 수출품목인 꽃게, 병어, 삼치, 갯지
렁이, 백합 등 8개 수산물을 중점적으로 개발, 수출 4억2천5백여만 원의 실적
을 올린다"는 기사가 실렸다.

　전국 꽃게 어획량을 보면 1970년 2,700톤이던 것이 1980년 1만9,734톤,
1985년 2만3,960톤, 1990년 2만3,004톤으로 증가세를 보였다. 1970~80년
대 일본 수출증가와 1990년대 국내소비의 증가로 인하여 꽃게 어획량이 크게
증가한 것이다.

또한 꽃게 수요가 크게 증가하자, 2000년 8월 '중국산 납 꽃게'가 유통돼 파장이 일 정도였다.

그러나 꽃게 어획고는 2000년 이후 점차 감소하여 2003년 9,478톤, 2004년 2,683톤, 2005년 3,714톤으로 1990년대 대비 약 15% 정도의 어획고를 기록했다. 당시 사람들은 꽃게를 '금(金)게'라고 부르기도 했다.

전국 꽃게어획량, 자료:서해수산연구소 (단위:톤)

연평도에서 꽃게잡이가 본격화 된 것은 1980년 전후다. 조기가 사라진 연평도에 일부 어선이 꽃게어업에 종사해 일본에 수출하기도 했다. 수협에서 운영하는 운반선이 있었지만 어획량이 적은데다 어획물 운반에 어려움이 많았다.

1990년부터 꽃게는 연평도 주력 산업으로 발전한다. 연평도 꽃게는 1990년 188톤의 어획고를 시작으로 2000년 2천756톤, 2001년 2천53톤, 2002년 1천901톤으로 최고의 어획고를 기록한다. 연평도 꽃게 어획량은 2000년 전국 꽃게 어획량의 21.5%, 2003년에는 19.4%를 차지한다. 이때부터 연평도는 꽃게의 주산지로 이름을 올리기 시작한다.

조기가 사라진 지 불과 20~30년 만에 꽃게가 연평도 대표 어종으로 등장한 것이다.

전국대비 연평도 꽃게 어획량 필자재편집, (단위: %)

그러나 연평도 꽃게 어획량은 2004년 이후 전국어획량의 10%이하로 감소한다. NLL을 침범한 북한 어선과 우리 해역을 제집처럼 넘나드는 중국어선이 어린 꽃게까지 싹쓸이 하는 등 불법조업을 일삼았기 때문이라고 주민들이 말한다. 여기에다 한강의 오염도 어획량 감소에 일정부분 영향을 준 것으로 풀이된다.

중국어선의 불법조업에 대한 정부의 강력한 단속에 힘입어 연평도 꽃게는 2008년과 2009년 각각 전국 어획량의 10.8%, 8.8%를 차지하는 등 다소 증가했지만, 2010년부터 2015년 까지 다시 감소한다. 2016년 이후에는 조금 회복한다.

연평도의 꽃게 어획량이 항상 일정한 것은 아니다.

연평도에서 30년 넘게 꽃게를 잡아온 성도경(명랑호 선장)씨에 따르면 "꽃게 어획고가 약 4~5년을 주기로 풍어 및 흉어를 반복하고 있다"고 한다.

서해수산연구소 자료에 의하면 연평도 꽃게 어획량은 2000년~2003년 증가, 2004년~2007년 감소, 2008년~2012년 증가, 2013~2015년 감소를 기록하는 것을 볼 수 있다. 특히 2013년~2020년까지 감소기간이 증가하고 있다.

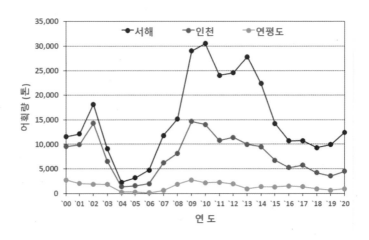

자료: 서해수산연구소, (단위:톤)

2008년 이후 연평도 꽃게 어획량보다는 인천, 서해의 꽃게 어획량이 크게 증가하고 있다.

연평도에서는 닻자망[2] 23척, 안강망 6척, 통발 5척 등 총 34척의 어선이 꽃게잡이를 하는 것으로 파악된다. 닻자망이 주를 이루는 가운데 최근에는 안강망어선이 조금씩 증가하고 있다고 한다.

꽃게를 잡는 방식에 따라 꽃게의 가격은 차이를 보인다. 자망, 통발, 안강망, 닻자망 순으로 꽃게의 가격이 높다. 왜 그럴까?

살이 꽉 찬 꽃게는 저층에서 움직여 자망으로 어획한 꽃게가 비싸게 판매된다. 통발의 경우에는 사리든 조금이든 상관없이 어획을 할 수 있는 장점이 있다. 닻자망으로 잡는 꽃게는 물에 뜨는 비율이 높은데 살이 덜 찬 꽃게의 비율이 높아서 상품성이 낮다. 전통시장이나 시장에 음력 15일, 29일 사리때(조수간만의 차이가 가장 클 때) 닻자망으로 잡는 꽃게가 많이 나오고 가격도 저렴하다.

연평도의 꽃게 어획은 4월~6월, 9월~11월에 가능하고, 금어기는 12월~3월, 7월~8월이다. 7월~8월은 꽃게가 수면 위로 떠다니면서 교미를 하는 시기이다. 그리고 12월부터 봄까지 수정된 알을 몸속에 간직했다가 산란을 한다. 교미할 시기에는 살이 없기 때문에 '뺑게'라고 한다. 암게는 10월 이후에 살이 차고, 수게는 8월 20일 이후로 살이 찬다.

봄에 어획되는 꽃게 중에서 4월에 잡히는 암꽃게를 최고로 치고, 6월초까지는 맛이 좋다. 가을에 어획되는 꽃게는 9월~10월 잡히는 것보다는 11월에 어획되는 수꽃게가 맛이 뛰어나다.[3]

금어기를 제외한 3월~6월과 9월~11월에 잡힌 연평도 꽃게는 전국 최고 상품으로 판매된다고 한다.

---

2) 꽃게가 지나가는 길목을 수백 미터에 달하는 긴 그물을 설치하여 꽃게가 그물에 걸리게 하여 어획한다. 이때 대형 닻 2개를 그물의 양 쪽 끝에 고정 시킨다. 조수의 흐름이 센 곳에 닻으로 그물의 틀을 고정하고, 부표를 띄워서 그물틀을 수직으로 세워서 어획하는 방식

3) 인천광역시 · 국립민속박물관, 조기의 섬에서 꽃게의 섬으로 연평도, 2019.

가을에 꽃게가 많이 잡히는 이유는 수정을 위해 수게가 모여들기 때문이다. 꽃게들은 겨울잠을 자기 전 껍질을 벗는 탈피과정을 겪어야 하는데 수게는 여름에 먼저 껍질을 벗어 이미 다시 껍질이 두꺼워진 상태고, 암게는 이제 탈피를 했기에 껍질이 흐물흐물하다. 탈피를 하는 동안 암게들은 잘 움직이지 않는다. 수정하려고 이리저리 쏘다니는 수게들이 그물에 걸려들어 가을철에 많이 포획된다.

어민들은 주꾸미가 많이 잡히는 해에 꽃게가 흉년일 가능성이 높다고 한다. 주꾸미와 꽃게는 모래에서 서식하는데 꽃게의 개체 수가 많으면 주꾸미를 많이 잡아먹어서 주꾸미의 개체 수가 적다는 것이다. 즉 꽃게의 개체수가 적으면 주꾸미의 생존율이 높아져서 많이 어획되고, 반대로 꽃게의 개체수가 많으면 주꾸미를 많이 잡아먹기 때문에 주꾸미가 적게 잡힌다는 것이다.

연평어장의 꽃게는 총허용 어획량【TAC: Total Allowable Catch, 개별어종(단일어종)에 대해 연간 잡을 수 있는 양(어획량)을 설정하여 그 한도 내에서만 어획을 허용하여 자원을 관리하는 제도】으로 인해서 수협에 위판(위탁 판매)하거나 자체적으로 냉동시설을 두어 직접 판매(사매매)한다. 사매매를 할 경우 개인 냉동창고에 보관했다가 가격이 높을 때 판매를 할 수 있는 장점이 있다. 연평도에 가면 집집마다 대형 냉동 창고가 있다.

선주들의 경우 위판 70%, 사매매 30% 정도라고 말하는 경우가 많고, 수협 관계자는 위판 60%, 사매매 40% 정도로 추정하고 있다. 반면 연평도 주민들 다수는 위판보다 사매매의 비율이 더 높은 것으로 보고 있다.[4]

꽃게가 연평도의 대표 어종임에도 불구, 연평도 꽃게 어획은 여러 가지 어려움에 처해있는 실정이다.

---

4) 인천광역시 · 국립민속박물관, 조기의 섬에서 꽃게의 섬으로 연평도, 2019.

우선, 연평도는 안보적으로 취약한 섬이다. 북방한계선에서 3.4㎞거리에 있어 북한어선이 자주 NLL을 침범해 오기 일쑤다. 1999년 남북한 경비정이 NLL을 두고 9일째 대치하던 중 북측의 기관포 공격으로 교전이 발발하여 전투가 벌어졌는데 이것이 제1차 연평해전이다. 2002년 6월에는 2차 연평해전이 일어나 한국 해군 6명이 전사하고 18명이 부상했으며, 북한군은 경비정 1척이 화염에 휩싸인 채 북측으로 예인돼 되돌아갔다. 그리고 2010년 11월에는 북한군이 연평도에 미사일 포격을 감행했다.

둘째, 중국어선의 불법조업 때문에 어자원이 고갈되고 있다. 불법조업을 하는 중국어선은 대부분 임차한 저인망 배인데, 임차료를 갚기 위해 코가 촘촘한 그물을 쌍끌이 방식으로 바다 밑을 끌어 어족의 씨를 말린다. 매년 봄부터 가을까지 중국 어선이 많게는 수백 척씩 몰려온다. 바다 밑으로 끌고 다니는 저인망으로 조업을 하는데, 낮에는 NLL 북측에서 조업하다가 야간에 남하해서 불법조업을 하며 심지어 우리나라에서 설치한 그물도 끊어 간다고 한다.

NLL 근처 중국배

셋째, 바다 속에 방치되어 있는 폐어구와 각종 폐기물이 해양 생태환경에 피해를 주고 있다.

해저에 버려진 각종 어망은 꽃게의 이동을 방해함은 물론 산란까지 어렵게 한다. 또한 바다 속의 폐그물 뭉치가 어구와 함께 휩쓸려 분실되어 사고처리에도 많은 시간이 소요 된다.

연평도 꽃게가 우리의 식탁에 계속 오르기 위해서는 어떤 정책이 필요할까? 5)

서해수산연구소에 의하면 꽃게 자원의 변동요인은 강수량에 따른 영양염 · 수온 등 환경적요인, 꽃게 유생(幼生) 밀도(분포 양상) · 초기자원량 등 자원생물학적 요인 그리고 미성어나 포란어미의 과도한 어획, 불법어업 등의 어업활동에 영향이 많이 받는다고 한다.

우선, 폐어구와 폐어망 수거정책을 확대해야 한다.

둘째, 중국어선의 불법조업에 대해 단속을 강화하고, 불법조업에 대한 담보금은 피해당사자인 어민들의 위한 어장정화사업 및 치어방류 사업 등 어자원 보호를 위해 써야 한다.

셋째, 현재 꽃게는 탕, 찜, 게장으로만 유통되는 실정이다. 꽃게를 이용한 다양한 제품개발이 필요하다.

---

5) 박재권, 연평도 꽃게산업 활성화 방안연구, 인하대학교 경영대학원, 석사학위논문, 2013.

연평도 관광

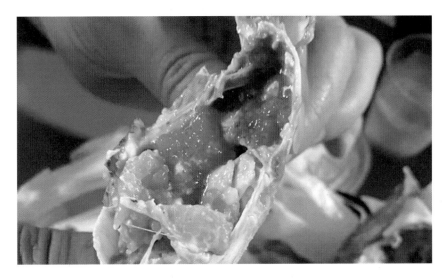

조기역사관

가래칠기 해변

충민사

안목어장

조기 역사관은 조기파시에 대해 자세하게 설명하고 있다. 조기역사관에서 북쪽방향으로 가래칠기 해변이 있는데 주변에 왜가리 서식지도 있고 물이 빠지면 수영도 가능하다. 충민사는 어민들이 임경업장군을 조기잡이의 수호신으로 모신 사당으로 현재는 풍어를 기원하는 제사를 지내고 있다. 안목어장은 부둣가 근처에 있는데 임경업 장군이 조기를 잡았다는 전설이 있다.

구리동 해변　　　　　　　　　　　　　　　　　아이스크림 바위

구지도　　　　　　등대공원　　　　　　소연평도 얼굴바위

구리동 해안 바로 위로 NLL이 지나가고 위쪽 섬은 북한의 갈도, 석도이다. 구리동 해변도 모래사장처럼 해변이 있고 낚시도 가능하다.

구지도는 무인도인데 뒤편에 낚시 포인트가 있다. 환경 단체들이 철새 탐조하는 곳으로도 유명하다.

연평도 등대는 1960년에 만들어졌다. 북한하고 긴장 관계가 악화되자 1974년 등대를 소등하였다. 2020년 다시 남쪽 방향으로 불을 밝히고 있다.

소연평도에는 사람의 얼굴을 하고 있는 얼굴바위가 있다. 주변이 낚시 포인

트 중의 하나다. 소연평도에서는 일제시대 때부터 1980년까지 특수 금속광산
이 개발되었다. 강화군 볼음도와 같은 지질도로 이루어져 있는 비철 광산이다.
멀리서 보면 소연평도 정상은 푹 가라앉았다.

소연평도가 원산지로 알려진 특산물은 에누리 나물이다. 연평도에 가서 에
누리나물 좀 달라고 하면 연평도를 잘 아는 사람으로 취급한다. 주로 5월 이
나 6월에 쌈 싸 먹거나 데쳐서 먹는데, 생선회하고 먹으면 최고의 궁합 중 하
나이다.

에누리나물의 표준어는 '어수리'이다. 어는 임금 '어'(御)자로 임금이 먹던 나
물 중에 하나이다. 우리나라에서는 강원도 하고 경상도에서 해발 800m 이상
에서만 있는 나물이다. 최근에는 재배도 한다.

에누리 나물

3

홍어 주산지 대청도

홍어 주산지 대청도

홍어 주산지 대청도

　인천에서 북서쪽으로 202㎞ 떨어져있는 대청도는 백령도와 더불어 국가 안보상 중요한 지역이다. 2021년 3월 현재 주민등록상 인구는 대청도 1,225명, 소청도는 226명이다. 대청도는 홍어, 우럭, 전복, 해삼, 흑염소, 돌미역, 다시마가 유명하다.

　대청도에는 사막과 같은 해안사구가 있다. 전남 신안군 우이도의 해안 사구를 제외하면 국내에서 대청도 해안사구는 분포 범위가 비교적 넓다. 따라서 경관

적, 학술적으로 보존 가치가 매우 큰 지역이다.[1]

대청도에는 200여년 이상 된 적송 보호지구가 있다. 현재 대청초등학교 자리에 옛날 몽고 원나라 순제가 유배시절에 살았다는 궁궐터가 있는데 이 지역을 '대궐터'라 부른다.

대청도의 동백나무 자생지는 동백나무가 자연적으로 자랄 수 있는 북쪽 한계지역에 속해 있다. 학술적 가치를 인정받아 1962년 천연기념물 제66호로 지정·보호하고 있다. 소청도에는 천연기념물 제509호 스트로마톨라이트와 분바위가 있다. 최근에는 백령도, 대청도, 소청도 주변을 지질공원으로 지정하였다. 일제강점기때 대청도는 고래잡이로 유명했다.

대청도 하면 빼놓을 수 없는 어종이 홍어다.

홍어의 서식 수층은 수심 30~200m, 서식 수온은 5~15℃이다. 냉수성 어종으로, 주로 젓새우류, 오징어류, 게류, 갯가재류 등을 주 먹이로 한다.

홍어(洪魚, Raja Kenojei)는 우리나라 목포, 영광, 인천, 부산 등지에 많고, 일본 아오모리현 이남 근해, 동중국해에 분포되어 있다. 체반은 마름모꼴로 폭이 넓으며, 몸빛은 등쪽이 갈색이고 배쪽은 희거나 회색을 띄고, 머리와 주둥이는 작으나 돌출되어 있다.[2]

---

1) 박천영외, 대청도 옥죽동 해안사구의 지형특징 및 발달과정에 관한 고찰, 한국지형학회지, 제16권, 제1호, 2009.
2) 정문기, 한국어도보, 일지사, 1977.

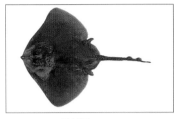

홍어류

참홍어

1990년 이전까지 가오리류(Rays)는 홍어류(Skate)를 포함하는 포괄적인 의미로 사용되었다. 1991년~2010년 가오리류와 홍어류로 분류하였고, 2010년부터 참홍어를 별도 구분한다.

홍어는 일찍부터 전라도 지역에서 애용하던 음식으로, 많은 이들이 홍어 하면 전남 흑산도를 떠올린다.

흑산도에서는 1970년도 이전에 노를 저어 다니며 홍어를 잡는 풍선배(뗏마배)가 30여척 있었고 음력 동짓달부터 5월 까지 홍어를 잡았다고 한다. 한편 풍선배에 정미소에서 사용하던 발동기를 가져다 달아 기계배(일명 야끼다마)로 사용했다고 한다. 오징어나 가자미 혹은 강다리나 새우 등의 미끼를 끼어 바다에 던져 놓은 후 7시간 정도 경과하면 걷어 올리는데, 잡힌 고기들은 따로 담아 두고 주낙에 새로 미끼를 달아 사용하는 주낙방식을 사용하였다. 홍어는 싱싱한 미끼를 물기 때문에 매일 출조한다.[3]

신증동국여지승람[4] 제9권 인천도호부 토산물에 정옥사(碇玉沙)·소금·농

---

3) 박종오, 홍어잡이 방식의 변천과 조업 유지를 위한 제문제, 한국학연구28, 한국학연구소, 2008.

4) 조선전기 문신 이행·윤은보 등이 『동국여지승람』을 증수하여 1530년에 편찬한 조선 전기의 대표적인 관찬 지리서로 55권 25책.

어[鱸魚]·**홍어**·넙치·밴댕이[蘇魚]·조기[石首魚]·참조기[黃石首魚]·호독어(好獨魚)·민어(民魚)·상어[鯊魚]·붕어[鯽魚]·전어(錢魚)·망둑어[魟魚]·숭어[秀魚]·준치[眞魚]·병어(兵魚)·오징어·낙지·조개·가무락조개[黃蛤]·맛조개[竹蛤]·해파리[海䖫]·토화(土花)·굴[石花]·소라(小螺)·게·청게·대하·중하·쌀새우[白鰕]·곤쟁이[紫蝦]·부레[魚鰾] 등이 소개되고 있다.

홍어가 인천의 특산물로 소개되고 있어, 홍어는 서해안의 보편적인 어종으로 추측된다.

흑산도는 어떻게 홍어로 이름을 떨치게 됐을까?

아이러니하게도 흑산도가 홍어잡이의 중심으로 부상하게 된 것은 1975년경 대청도 사람들이 전해 준 건주낙(걸낙) 때문이다. 대청도는 일찍부터 홍어잡이로 유명한 어장이었다. 건주낙은 일본에서 가오리를 잡을 때 사용하던 것인데 한국으로 전해졌다고 한다.

"60년대 대청도에선 조기와 홍어가 많이 잡혔지. 홍어는 낚시 바늘에 놀래미 미끼를 끼어 바다에 던져 놓고 반나절(7~12시간)이 지나 걷어 올리면 잡을 수 있었어. 보통 장주낙이라 부르지. 그 때 잡은 고기는 따로 담아두고 주낙에 새로 미끼를 달아 놓는 거지. 홍어는 싱싱한 미끼를 물기 때문에 보통 매일 출조해야 했거든. 그러다가 1965~66년 외지 사람이 와서 미끼도 없이 빈 바늘만 갖고 홍어를 잡는다고 해서 다들 미쳤다고 했어. 그런데 빈 바늘에 홍어가 무척 많이 잡히는 거야. 그 이후부터 우리도 '건주낙(걸낙)'이라 불리는 이 방법을 사용 하였지"(대청도 손무남)

이러한 건주낙 방식은 홍어 잡이에 혁신을 가져온다. 미끼를 끼지 않기 때문에 미끼를 잡아야하는 시간적·경제적 부담을 덜 수 있게 되었다. 또 건주낙은

한 번 투척하면 5일 정도 물속에 놔두고 낚시를 건져 올리는 것이 가능하기 때문에 물때의 영향을 별로 받지 않아 조업시간도 크게 늘어났다.[5]

"건주낙으로 홍어을 잡기 시작하면서 야간조업도 하고 북방한계선(NLL) 근처까지 올라가 조업을 할 수 있었지. 그러다 백령도 근해에서 조업하던 수원호가 납북되는 바람에 '어로저지선'이 생겼어. GPS도 없던 시절 더 이상 북쪽으로 갈 수가 없었던 게지. 조업을 하다 물살에 조업금지 구역을 넘어 가는 경우도 많았어. 벌금도 물고 면허도 정지 당해봤지. 한번은 우리 순시선에 잡혀가 몽둥이로 엉덩이를 맞은 적도 있어"(대청도 손무남).

서해에서 납북어선이 증가하자 우리 정부는 3회에 걸쳐 어로저지선을 남쪽으로 이동하였다. 어로저지선이 생겨 조업이 어려워지자(그 이유인지 몰라도) 1972년 백령도 484가구, 대청도 350가구에서 1986년 각각 166가구와 230가구로 감소했다.

마음대로 조업을 할 수 없게 되자 대청도에 살던 송명섭씨는 1975년, 김상렬씨는 1984년에 각각 전남 흑산도로 이주했다. 그리고 이들에 의해 흑산도 홍어 잡이는 일대 변화를 맞이한다.

1975년도를 기점으로 흑산도의 홍어 잡이는 기존의 장주낙 방식에서 건주낙으로 바뀌고, 이로 인해 흑산도 홍어는 풍년을 맞는다. 또한 일부는 충남지방으로 이전하는 경우도 있었다.

1984년 대청도에서 흑산도로 이주한 김상렬씨의 말에서는 우리나라 홍어잡이의 변천사가 고스란히 드러난다.

---

5) 박종오, 홍어잡이 방식의 변천과 조업 유지를 위한 제문제, 한국학연구28, 한국학연구소, 2008.

"어로저지선 남하에 따라 정부에서 단속을 강하게 했어요. 그래서 대청도에서 조업이 어려워지자 대청도 사람들이 흑산도에 가서 홍어잡이 조업을 시작했는데, 흑산도로 먼저 이주한 김봉율씨가 소개하여 1984년도에 광성호, 흥진호, 대광호 등 6척을 가지고 흑산도로 이주했지요. 흑산도는 낮이고 야간이고 24시간 아무 때나 조업이 가능했어요.

김상렬

1984년 흑산도에 갔을 때 보니, 1975년에 대청도에서 이주한 송명섭씨가 소개해 준 건주낙 방식으로 홍어 조업을 하고 있었어요. 송씨는 흑산도에서 홍어를 많이 잡아 영웅 칭호도 받았고, 돈을 너무 많이 쓰다 보니 간첩으로 오해를 받기도 했어요.

당시 우리 배는 새롭게 건조된 20톤짜리 배로, 한 6시간씩 항해를 해서 어장을 가는데 흑산도 사람들은 옛날 배라서 따라오지 못했지요.

대청도에서 사용하던 어구방식이 크게 차이가 나서 우리가 홍어를 다섯 가마니 잡으면 흑산도 사람들은 두 가마 정도 밖에 못 잡았어요. 흑산도 사람들이 우리들에게 좀 가르쳐 달라고 하면서 막걸리를 사줘서 많이 얻어먹었지요.

잡은 홍어는 배로 목포까지 나와서 팔았어요. 이렇게 직접 팔다가 흑산도 수협에서 판매 했더니 목포 가서 직접 판매하는 것보다 2배 정도 판매 이익을 올리더군요.

그렇다가 중국 배들이 어장에 놓은 그물을 끌어가서 우리나라 배들이 손해를 많이 봤어요. 한 6~7년 작업을 못했는데, 우리나라 정부에서 강력하게 규제하니 좀 뜸해지더라고. 그때 또 시작을 했지요. 대청도에도 영산강처럼 홍어 마을을 만들면 좋을 것 같아요."

대청도 사람들이 흑산도에 전해준 건주낙 방식 어업은 2021년 9월3일 국가 중요어업유산 제 11호에 지정된다. 지정구역은 전남 신안군 흑산도 일대 연근 해 어장(6901.4㎢)이다.

제11호 국가중요어업유산으로 지정된 '전남 신안군 흑산 홍어잡이어업'은 미끼를 사용하지 않는 주낙을 홍어가 다니는 길목에 설치하여 잡는 생태친화 적 전통어업이다.[6]

2000년부터 2020년 까지 인천과 전남의 홍어 생산량은 다음과 같다. 흑산 도의 경우, 1990년대는 잡은 홍어를 직접 팔아서 통계량이 정확하지 않아 제 외 하였다. 2018년 까지 인천 홍어 생산량은 전남 보다 많다. 2019년~2020 년는 전남 홍어 생산량이 크게 증가하여 인천을 앞지르고 있다.

6) 해양수산부, 2021.9.9. 보도자료.

홍어 생산량(단위:톤)

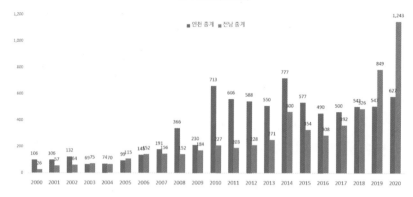

자료: 통계청

한편 홍어 생산금액은 다음과 같다. 인천은 2010년 및 2014년을 제외하고 홍어 생산금액이 큰 변화가 없는 반면, 전남은 2014년을 기준으로 생산금액이 증가하고 있다.

홍어 생산 금액(단위:천원)

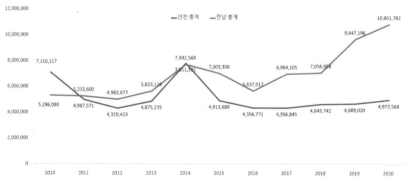

자료: 통계청

"1980년대 인천에 있던 저인망어선 들이 몰려와서 홍어잡이에 뛰어 들었지. 80년대 중반까지는 저인망 어선[7] 들 때문에 홍어가 무척 많이 잡혔어. 그러나 곧 홍어가 고갈되기 시작했지"(대청도 손무남, 이명산)

건주낙 어법은 낚싯바늘과 나이론줄이 바다 밑바닥에 엉킨 채로 방치돼 해양오염의 주범이 되기도 했다. 여기에 고기들이 걸려 썩는 바람에 어장이 황폐해 졌다.

백령도나 소청도에서 어로저지선 설정이후 어로구역이 제한됨에 따라 지나친 홍어잡이 경쟁과 어장의 황폐화를 막기 위해 어촌계 단위로 공동조업하고 공동으로 분배하기도 했다.

"1992년도에 배에 GPS가 도입되자 다시 홍어잡이가 급격히 늘었지. 그러다 2000년 이후부터는 어장이 황폐화되면서 홍어 생산량이 급격히 줄었어."(소청도 이은철)

1997년 전남 하의도가 고향인 김대중 대통령이 집권하자 홍어의 위상이 높아졌다. 홍어가 전국적인 음식으로 등장하였고, 정권을 상징하는 어류로 부각되었다.

홍어는 고가 선물용이나 접대 음식으로 격이 상승하였다. 그러나 1990년 말부터 홍어잡이 어업은 쇠퇴하였고 대신 외국에서 홍어가 수입되기 시작하였다. 대부분이 북위 30도 이상, 남위 30도 이하의 저수온에서 어획되는 홍어류가 국내산과 맛이 비슷하여 칠레, 미국, 중국산이 수입되었다.[8]

---

7) 저인망어선 : 바다에 서식하는 수산 생물을 그물로 끌어서 잡는 것을 말함. 한척의 어선에 어구를 끌면서 조업하는 것을 외끌이 저인망이라 하여, 두 척의 어선이 한 개의 어구를 끌면서 조업하는 것을 쌍끌이 저인망이라 함
8) 강건희. 홍어의 세계적 분포와 기능성. 여수대학교 산업대학원. 2003.

위도에 따른 홍어 어장 (그림 : 강건희)

　홍어는 지방에 따라 다르지만 호남지역에서는 삭힌 홍어를 즐겨 먹고 있다.
홍어가 발효되면 암모니아가 생성되는데, 이때 생성된 암모니아는 위산을 증
식시키고 장의 잡균을 제거하며, 체내의 유해한 세균을 억제하는 작용을 한다.
때문에 발효가 되더라도 암모니아에 의해 세균 증식이 억제되고 살균작용이
이루어져 먹어도 탈이 없게 되는 것이다. [9]

　그러면 대청도가 홍어 주산지임에도 전남 흑산도 보다 알려지지 않은 이유
는 무엇인가?

　우선, 대청도의 경우, 일제강점기에 고래 포경선이 있었고 다른 생선들이
풍부하여 홍어를 귀하게 여기지 않았다. 그렇다보니 대청도에서는 홍어를 잡
아 냉장고에 넣었다 먹거나, 김치를 넣고 끓여 먹기 일쑤였다. 그리고 전남처
럼 발효문화가 발달되지 않았다. 잡은 홍어를 말려 전남에 싣고 가서 생활필

9) 차은석. 홍어의 발효기간과 조리기간에 따른 품질 특성연구. 세종대대학원석사논문. 2004.

수품과 물물교환 했다고 한다. 일부 어민들 사이에서는 삭힌 홍어가 유통되기도 했다.

"잡은 홍어는 그대로 저장해 삭혔지. 내장을 제거해 가마니를 깔고 자갈로 덮어 삭힌 홍어는 어릴 때 아버지 따라서 군산이나 영광 법성포로 가서 쌀이나 부식 등으로 교환 했지"(소청도 이은철)

둘째, 생산 및 유통구조의 다변화에서 원인을 찾을 수 있다. 영국에서 산업혁명 후 시장 경제가 발전하자 세계화 및 지구화에 따라 생산지, 가공지, 소비지로 분리되는 경우가 발생했다.

식자재가 가공을 거쳐 최종 소비자에게 유통되는 과정에서 생산지와 전혀 상관없는 타지역을 상징하는 음식으로 변환되고 소개되며 소비되는 현상으로 볼 수 있다.[10] 현재 대청도 식당에서 홍어회, 홍어탕을 판매하고 있다. 생산지와 소비자가 일치하는 싱싱한 홍어는 아마 대청도의 식당에서나 맛볼 수 있지 않을까 싶다.

홍어회와 홍어모둠, 사진제공: 대청도 돼지가든

10) 윤형숙, 지구화. 지역토속 음식의 생산과 소비, 도서문화 32집, 2008.

대청도 홍어 활성화 방안은 무엇인가? 김상렬씨 주장처럼 대청도에 홍어 가공공장을 설립하여 전라도 사람들처럼 완전히 삭힌 홍어 보다는 덜 삭힌 홍어로 가공하여 수도권에 판매하면 좋을 것 같다.

또한 인천이나 옹진군 사람들이 좋아하는 김치넣고 끓인 홍어나 홍어찜을 적극 개발하여 인천 대표음식으로 육성하는 것도 괜찮을듯 싶다.

인천시에서 홍어마을 계획을 세워 창고를 설립했는데, 대청도에 홍어마을 체험장을 설립하여 관광상품화 하는 것도 고려해 볼만 하다.

대청도는 3년산 다시마 및 미역이 유명한데, 홍어와 패키지로 상품화해 로컬 크리에이터 사업으로 추진하는 방안도 권장해 본다.

대청도 관광

대청도 해안사구(모래사막)

대청도 옥죽동 해안에 길이가 약 1km, 폭이 약 500m 정도에 이르는 모래언덕이 있다. 주변의 해변으로부터 공급된 모래가 산기슭에 퇴적되어 형성된 해안 사구인데, 모래가 그대로 드러나 있는 모습이 인상적이다.[11]

대청도 옥죽동 해안사구

백령·대청 국가 지질공원

2019년 6월 28일 환경부 제21차 지질공원위원회가 인천광역시와 전라북도에서 신청한 '백령·대청'과 '진안·무주'를 국가지질공원으로 인증했다. 지질공원위원회 위원들은 이들 지역이 우리나라에서 보기 힘든 지질학적인 가치

---

11) 박천영외, 대청도 옥죽동 해안사구의 지형특징 및 발달과정에 관한 고찰, 한국지형학회지, 제16권, 제1호, 2009.

를 갖고 있으며, 자연경관도 매우 뛰어나 국가지질공원으로서 관광 등 지역의 지속가능한 발전에 도움을 줄 수 있을 것으로 평가했다. '백령·대청'은 우리나라 서해 최북단 섬들로 '10억년 전 신원생대의 변성퇴적암'이 분포하며, 우리나라에서 가장 오래된 생물흔적 화석인 '스트로마톨라이트'가 발견되는 등 지질학적 가치가 매우 우수한 곳이다. 두무진, 용트림바위, 진촌현무암, 서풍받이, 검은낭, 분바위와 월띠 등 경관이 뛰어난 지질명소 10곳이 포함된 총 66.86㎢ 지역(백령도 51.17㎢, 대청도 12.78㎢, 소청도 2.91㎢)이 지질공원으로 인정받았다.

대청도 지질공원

대청도 적송

대청도에는 200여년 이상 된 적송 보호지구가 있다. 내동과 옥죽동 사이에 있으며 200여년 이상 된 적송이 아름드리 군락을 이루고 있다.

모래울동(대청4동)에 있는 모래울 해변 주변에 소나무 군락이 있는데, 여기서 인천도서 특성화 사업으로 힐링 프로그램과 솔잎차를 개발중이다.

모래울 해변 소나무

모래울 해변 기린 소나무

기린소나무(모래울 해변)

원나라 순제가 이곳 대청도에 유배와서 소나무림과 모래울 해변이 보이는 이곳에서 사색하던 중 이곳의 소나무들에게 아들을 가져다 주는 "기린송"이로구나 라고 하였다 한다. 중국에서는 기린송이 아들을 가지고 온다는 설화가 전해져 내려오고 있다.

4

동백나무 군락지

동백나무 군락지

1. 대청도 동백나무 천연기념물

동백나무(Camellia japonica)는 차나무과(Theaceae)의 상록교목이다. 동백나무속(Camellia)에는 약 80여 종이 있는 것으로 알려져 있다. 동백나무는 우리나라를 비롯한 중국, 일본 등 극동일부 지역에서만 자라는 희귀식물로 다른 꽃들보다 먼저 겨울에 꽃이 피기 시작하여 사람들에게 많은 사랑을 받는다.

동백나무가 없는 서양인들은 동백나무에 대해 '동양의 신비를 간직한 꽃'이라고 하였다고 한다.[1]

---

1) 안영희, 한국의 동백나무, 김영사, 2013.

우리나라에서 동백나무는 남쪽 해안이나 섬에서 자란다. 꽃은 이른 봄에 피는데, 꽃이 피는 시기에 따라 춘백(春栢), 추백(秋栢), 동백(冬栢)으로 부른다. 따뜻한 지방에서 자라는 나무이며, 난대식물 중 가장 북쪽에서 자라는 나무이므로 평균기온에 따라 식물들이 자랄 수 있는 지역을 구분하는데 표시가 되는 나무이다.

대청도 동백나무

문화재청은 대청도 동백나무 자생지에 대해 동백나무가 자연적으로 자랄 수 있는 북쪽 한계지역으로서의 학술적 가치를 인정, 1962년 천연기념물 제66호로 지정·보호하고 있다.

대청도 동백나무 군락지에는 두 개의 표지석이 있다. 하나는 1933년 일제에 의에 지정된 표지석이고 다른 하나는 1966년 우리나라 문화재청이 지정한 표지석이다.

대청도 동백나무 표지석

북한 평안북도 신미도에도 동백나무 군락이 존재한다. 북한 압록강 하구에 있는 신미도는 육지와 연결되었는데 서해의 수위가 높아지면서 저지대는 바다에 침수되었고 높은 지대는 섬이 되었다. 연평균 기온은 9℃, 강수량은 900mm이다. 280여종의 식물이 자생하며 남부계통 식물의 북한계선에 해당하고 남부지역 식물인 보리수나무, 초피나무, 서어나무 등이 자란다. 칠각산에는 동백나무 군락이 있다.[2]

대청도 동백나무와 관련하여 전설이 전해지고 있다. 먼 옛날 동백나무 꽃이 아름답게 피는 남쪽지방 출신 청년이 대청도로 와서 이곳 출신 처녀와 결혼하여 행복하게 살고 있었다. 어느 날 청년이 급히 고향에 다녀올 일이 생겨 떠나게 되자 아내는 남편한테서 말로만 들어 온 아름다운 동백꽃의 씨를 가져와 심기를 당부하였다. 그러나 곧 온다던 남편은 몇 년이 지나도 감감소식이었다.

---

2) 북한지역정보넷, http://www.cybernk.net

지친 아내는 결국 병들어 죽어버린다. 어느 날 남편이 돌아오게 된다. 아내의 무덤 앞에서 통곡을 할 때 주머니 속의 동백 씨가 떨어져 나와 지금의 동백나무숲이 되었다고 한다.

동백나무는 대청도 사람들에게 특별히 각별한 나무이다. 4월 중순경 내동길가나 모래울동 집이나 길가마다 동백나무 꽃들이 만개한다.

모래울동 집 동백

내동 길가 동백

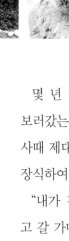
대청도 천주교회에서 미사에 사용한
동백꽃

몇 년 전 대청도 동백꽃이 만발하여 보러갔는데, 마침 대청도 천주교회 미사때 제대에 사용하는 꽃을 동백꽃으로 장식하여 사용하고 있었다.

"내가 결혼하던 당시는 결혼식에 타고 갈 가마를 마을 사람들이 밤새워 만들었어요. 생화가 귀해 습자지를 이용하여 함박꽃(조화)을 만들고, 여기에 장식으로 동백나무 줄기와 동백꽃을 사용하기도 했어요. 동백꽃이 피는 봄에는 꽃다발로, 가을에는 동백나무 줄기를 이용해서 신랑이 신부에게 주기도 했어요. 이처럼 결혼식에 동백나무와 꽃을 사용했지요. 여기 사람들은 동백꽃을 아주 귀하게 생각했어요. 아마, 그런 풍습이 한 70년말 까지 존재한 것 같아요."(대청도 손무남, 이명산)

2. 소청도 수령 200년 동백나무 군락지

대청도 아래 소청도가 있다. 대청면 소청도 사람들은 3월초가 되면 달래, 머위, 부지깽이나물, 전호나물 등 봄나물 채취로 바쁜 달을 보낸다. 특히 나물 중에서 달래와 전호나물이 유명하다. 소청도에서는 달래를 쪄서 반찬으로 먹는데 처음 방문하는 사람들은 달래가 너무 커서 대파로 착각한다. 울릉도가 원산지로 알려진 전호나물은 인천 몇 개 섬에서(이작도는 샤스랭이 나물로 불림) 나는 귀한 봄나물로, 소청도에 대량으로 서식하고 있다. 미나리향이 나는 전호나물은 생으로 무쳐 먹거나 쌈으로 먹는데 특히 삼겹살과 함께 먹으면 가장 잘 어울린다.

전호나물 및 전호나물 무침

최근 소청도 주민들이 만든 소청협동조합에서 해변식당을 오픈하였다. 소청도 특산물을 이용한 톳밥, 홍어회, 홍어찜, 성게비빔밥(계절음식)을 관광객들에게 제공하고 있다.

인천보다 위도가 높은 소청도에서 2월~3월에 봄나물 수확이 한창인 것은 왜일까? 그것은 해류(바다물)의 영향 때문이다. 인천 앞바다는 겨울에 쓰시마 난류와 대만 난류가 올라와서 3~4일 동안 머물다가 북쪽에서 한류가 내려오면 다시 이동을 반복하여 겨울철에는 기온이 인천보다 약 3~4도 높고, 여름철에는 반대로 3~4도 낮아 시원한 편이다.

소청도는 2~3월에 봄나물, 4~11월 우럭 및 놀래미, 5~6월 미역, 7~10월 장어, 9~10월 삼치, 9~11월 다시마, 10~11월 삼식이(꺽죽이), 성게, 홍합 등 해산물과 나물로 유명하다. 특히 삼식이 잡이가 흥미로운데, 삼식이가 산란을 위해 바위로 몰려오면 갈고리로 잡아 올린다.

꺽죽이 잡기, 사진 제공: 이은철

70년대 까지만 하더라도 얇은 돌을 사용하여 지붕으로 사용하였다고 했는데 지금은 사라지고 없다.

소청도 돌 지붕, 사진 제공: 이은철

소청도 예동마을 뒤편에 동백나무 자생 군락지가 있다. 동백나무 높이는 대략 23m, 둘레는 15~75㎝, 수령은 200년 이상으로 추산된다. 약 50년 전에는 48주가 있었다고 하는데 현재 약 35주 정도 자라고 있다. 몇 년 전 옹진군청에서 동백나무 보호를 위해 철조망을 설치하여 보존하고 있다. 4월 말경 동백꽃이 만개한다.

조선왕조실록(정조 37권, 1793년)에 보면, "소청도는 대청도 남쪽 뱃길로 30리쯤에 대청도와 마주하고 있다. 네 개의 산봉우리가 늘어서 솟아 있는데, 동북쪽으로는 사대구미(寺岱仇味)·경생동(鯨生洞)·모전구미(茅田仇味)·탑동(塔洞) 등 네 개의 골짜기가 있으나 밑바닥까지 다 석벽(石壁)이다. 그래서 한 뙈기도 경작할 만한 땅이 없고, 남쪽으로는 능동(能洞)과 왜진동(倭津洞)이 있으나 모두 바닷가에 바싹 붙어 있다. 서쪽으로는 우모진(牛毛津)·죽전현(竹田峴)·내진(內津) 등 세 곳이 있으나 또한 모두 높고 험준하여 씨를 뿌려 가꿀 수가 없다. 섬의 서남쪽은 땅이 비옥해 개간해서 전답을 만들만 하다. 나무들은 대체로 떡갈나무가 많고 **동백(冬栢)과 춘백(春栢)이 십중 칠 팔**이었다"는 기록이 있다. 이처럼 약 220년 전 소청도에 동백나무가 70~80%를 차지하고 있다는 기록에서 보듯 과거 소청도에선 동백나무가 지금보다 훨씬 많았던 것으로 파악된다. 소청도에서 낚싯배를 운영하는 이은철 전 마을이장에 의하면 동백나무가 있는 곳은 원래 당집이 있어 '당산'이라 불렸다. 음력 1월 15일에는 이곳 당산에서 풍어제를 지냈다.

이은철씨는 "어릴 때 동백나무에서 그네를 타고, 동백나무로 팽이도 만들어 친구들과 놀곤 했다"며 당시를 회상했다. 그가 어릴 때는 산 전체가 동백나무 군락지였는데 지금은 동백나무가 절반밖에 남지 않았다고 한다.

이처럼 따뜻한 지방에서 자라는 난대식물인 동백나무가 대청도, 소청도 등 북쪽 지역에서 자란 이유는 무엇일까. 전문가들은 남쪽에서 북상하는 해류의 영향을 받아 영하의 기온이 오랜 시일 지속되지 않기 때문에 동백나무를 비롯한 남방계 식물이 자생하는 것으로 파악하고 있다.

소청도 예동마을 동백나무의 경우, 수령이 200년 이상 되고 크기도 우수한 자생군락지를 형성하고 있어 보존가치가 높다. 따라서 소청도 예동마을 동백나무 자생지도 천연기념물로 지정해서 보존할 필요가 있다. 최근 인천시와 옹진군에서 천연기념물 지정을 위한 행정절차를 진행하고 있다.

소청도 동백나무 군락지에 김대건 신부상이 있다. 1950년 말 소청도, 대청도 천주교 신도들이 부영발신부와 함께 세웠다고 한다.

김대건 신부상에 새겨진 약력을 보면 다음과 같다.

『김대건 신부는 1846년 4월18일(음) 마포에 사는 임성용의 배를 타고 연평도, 순위도, 소청도, 대청도를 거쳐 백령도에 도착한다.

이어 1846년 5월12일(음) 백령도에서 청나라 어부에게 편지와 조선 지도를 전달 한 후 순위도에 돌아왔다. 함께 간 교우들이 연평도에서 잡은 조기를 말려 가져가려고 널어놓았는데 조기가 마르지 않았다. 그래서 김대건 신부에게 순위도에 며칠 더 머무르길 청하였고 김대건 신부가 허락 하자 2주일 더 체류하게 된다. 그러나 김대건 신부는 포졸들에게 체포되어 해주감옥으로 압송되고, 다시 서울로 이송되어 1946년 9월 16일(음) 새남터에서 처형된다.』

소청도 예동마을 동백 군락지

소청도와 김대건 신부상

소청도 동백나무 군락지와 김대건 신부상

소청도 관광

스토로마톨라이트

'스토로마톨라이트(stromatolite)'는 바다나 호수 등에 서식하는 남조류
및 남조박테리아 등의 군체들이 만든 생퇴적구조(生堆積構造 : organo-
sedimentary structure)를 갖는 화석이다. 일종의 석회암으로 볼 수 있다. 지
구에서의 생명체 탄생 시초로부터 현재까지 전 지질시대에 걸쳐 나타나지만
특히, 고생대 이전인 선캄브리아시대(Precambrian Eon)의 환경과 생명의 탄
생 기원을 이해하는데 매우 중요한 학술적, 교육적 가치를 갖고 있다고 한다.

소청도 스토로마톨라이트에서 국내 최초로 박테리아 화석이 보고되어 국내
에서는 가장 오래된 화석(원생대 후기 : 약 6억년~10억년 전)으로 평가받고
있다.

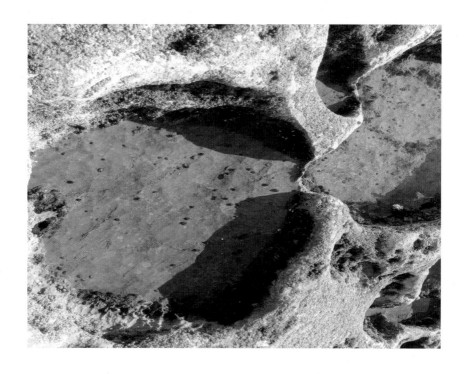

또한, 분바위라고 부르는 백색의 결정질 석회암(대리암)이 해식작용으로 노출되어 있어 주변 해안의 경관이 매우 수려하다.

아래 지도를 보면[3] 소청도의 지질은 북한의 기린도, 창린도 및 순위도와 같은 지질계통에 속한다. 반면, 대청도와 백령도의 지질은 북한 옹진반도와 함께 상원계에 해당된다. 해방전 기린도에서 석회석이 많이 생산되었다고 하는데 소청도와 같은 지질계통에 속해서 그렇다고 볼 수 있다.

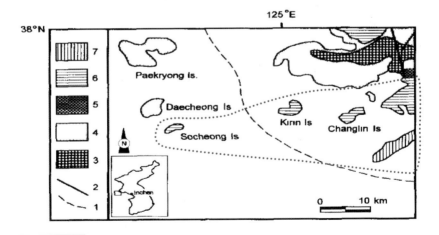

3) 김정률 · 김태숙(1999), 인천시 옹진군 소청도에 분포한 선캄브라이언의 지층에서 산출된 스트로마톨라이트와지질학적 중요성, Jour Korea Earth Science Society, Vol 20, No1.

"일제강점기때 분바위(석회암)를 건축재료용으로 사용하기 위해 채석한 후 레일을 이용하여 실어 날았다고 해. 현재 부두가에 이 석회암을 배에다 실어 나르기 위해 콘크리트공사를 했는데 아직도 남아 있지." (소청도 이은철)

부산일보(1939년 12월 29일자)에는 "소청도 석회석은 연생산 3만여 원으로 일본에서 고급 건축 재료로 사용하고 있다"는 기사가 실렸다.

"70~80년대 소청도 사람들이 대리석 광산에 일하러 다녔어, 처음에는 정 하나만 가지고 사용하다가 착암기를 사용하였고, 나중에는 콤프레샤를 이용하여 대량으로 채취해 갔지. 어릴 때 작업장에서 일하는 인부들에게 도시락을 배달한 기억이 있어."(소청도 이은철)

지금도 소청도에는 대리석을 채취한 자국이 많이 남아있다.

분바위 채취 자국

스트로마톨라이트와 분바위는 2009년 11월 10일 천연기념물 제508호로 지정됐다.

소청도 등대

소청도 등대는 1908년 우리나라에서 두 번째로 설치된 등대이다.

소청도 등대, 사진제공 : 박준복

소청도 국가철새연구센터

2019년 4월부터 소청도에 건립된 국가철새연구센터는 서해5도 지역에 서식하는 철새의 생태와 이동경로에 대한 종합적인 연구를 수행하고 있다. 또한, 국가철새정보 통합관리체계를 구축하여 국내외 철새 생태 및 이동정보를 체계적으로 관리하고 있다.

소청도는 지형지질 및 경관이 수려하며, 다양한 멸종위기종이 서식하는 등 생태적으로도 보전연구 가치가 매우 높은 섬으로서 국내 기록된 537종의 조류 중 325종 이상이 기록된 이동성 철새의 핵심적인 경유지이다.

4월 정도에 소청도를 가면 새소리에 아침잠이 깰 정도로 많은 철새를 볼 수 있다.

3. 백아도 동백나무 군락지

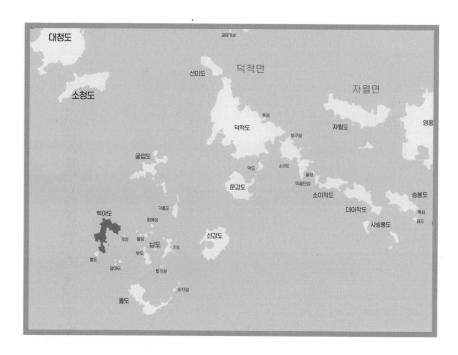

백아도는 인천연안부두에서 배를 타고 덕적도에서 내려 나래호로 갈아타고 가야한다.

덕적도 서쪽 끝머리에 위치한 백아도는 굴업도, 울도와 가깝게 위치해 있다. 1861년 김정호가 제작한 「대동여지도」에는 '배알'이라고 표기되어 있다. 그 후 섬의 형태가 흰 상어의 이빨같다고 해서 '백아도'라고 불려졌다.

백아도는 천혜의 자연 섬이라 부르며 우리나라 특산식물인 섬소사나무와 동백나무 군락지로도 유명하다. 백아도 어촌계가 운영하는 해삼 종묘 배양장이 있으며 홍합이 많이 난다. 마을은 2개로 나뉘어 있는데 발전소가 있는 마을을 발전소 마을(큰 마을)이라 부르고 보건소가 있는 마을을 보건소 마을(작은 마을)이라 한다.

국립중앙박물관(1959)에 의하면 주업은 어업이며 3월 중순경부터 5월 말까지 조기잡이, 6월부터 7월까지 갈치잡이, 7월 말경에서 8월 초까지 새우잡이 (육젓용)와 민어잡이를 하고, 9월부터 10월까지는 새우잡이(추젓용)를 한다. 일부는 농업을 겸하고 있다. 밭에서는 보리, 고구마, 감자, 조를 수확하나 마을주민이 약 3~4개월 먹을 수 있는 양에 불과해 부족분은 충청남도와 인천에서 충당하고 있다고 한다.

백아도 인구 변화를 보면 1960년 436명에서 1972년 270명, 1988년 72명, 2002년 64명으로 감소세를 보이고 있다. 2021년 3월 주민등록상 인구는 50명이다.

"증조할아버지 때부터 대대로 큰마을에서 살았지. 조상은 마을 뒷 선산에 모셨어. 지금 살고 있는 큰마을에 60가구 정도가 남아있고, 현재 보건소가 있는 마을은 작은 마을이야. 여기에도 한 40가구 정도 살고 있는 것으로 알고 있어. 소학교가 1930년대 생겼는데, 인구가 계속 줄다보니 1999년에 폐교됐지. 내가 소학교 다닐 때는 학생수가 130명 정도로 많았지."(백아도 고봉덕)

전에 마을이장을 맡았던 고봉덕씨는 어릴 적 저녁을 먹고 집안 마당에 나와 있으면 민어소리가 마치 개구리가 울음소리처럼 들렸다고 했다. 그만큼 민어가 많았다는 방증이기도 하다.

"백아도 동백나무는 남봉 약 20그루, 오섬 약 20그루, 마을에서 학교 다니던 옛길 정상 똥바위 근처 3그루, 고개 넘어 2그루, 보건소 마을 뒷산 등에 아직도 많이 남아 있어요. 어르신들의 말씀에 의하면 일제강점기 때는 동백꽃이 피어 온통 섬을 붉게 물들였다고 해요. 그런데 백아도 동백꽃은 홋동백인데 우리나라 자생종이죠"(백아도 고봉덕)

"동백이 꽃 중에서 제일 먼저 피지요. 어릴 때 마을 언덕을 넘어 동백꽃을 보면서 학교를 다녔어요. 또한 동백꽃이 피면 남봉으로 친구들과 놀러 갔던 추억이 있어요. 지금도 그렇지만 붉은 동백꽃을 보면 마음이 뭉클해요"(백아도 고봉덕)

백아도 동백

고봉덕씨네 동백

백아도 동백나무는 인가와 가까운 바로 앞산에 자라고 있는데, 약 150그루 정도가 모여 숲을 이루고 있었다. 그 밑을 들어가면 하늘이 보이지 않을 정도로 동백나무 숲은 울창하게 우거져 있었다. 동백나무는 높이가 7m가량이어서 비교적 큰 편이었고 서해도서의 다른 어느 섬의 것보다 크고 넓은 숲을 이루고 있었다. 백아도 동백나무는 순수 자생으로 모여 자라는 서해도서의 최고의 숲이었음에 틀림없었다.[4]

한반도 동백나무 분포에 대한 연구를 보면 김태정(1998)은 A선, 이일구(1981)는 B선, Yim and Kira (1978)는 D선을 동백나무 북한계선으로 제시하였다.

그러나 최근 연구결과 동백나무의 북한계선은 동해의 울릉도, 울산의 목도에서, 전라남도 광양시, 경상남도 하동군, 전라남도 구례군, 충청남도 서천군, 서해의 대청도를 잇는 C선이 현존 동백나무 자생분포대로 나타났다.

바로 백아도(위도 N37°04′, 경도 E125°57′)가 서해의 대청도를 잇는 C선의 경계선에 위치하고 있다[5].

---

4) 송흥선, 아름다운 섬 풀꽃 나무이야기, 풀꽃나무, 2002.
5) 진영규, 한반도 동백나무 분포대에 대한 식물사회연구, 창원대학교 박사학위논문, 2003.

백아도 동백나무

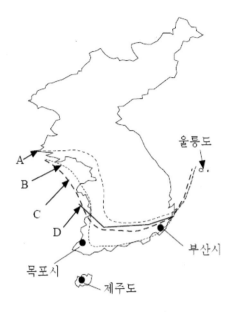

자료 : 진영규

이창복 서울대 명예교수는 한겨레신문 1992년 3월 20일자에서 '백아도를 비롯한 덕적군도는 섬을 동서 편으로 휩싸고 올라오는 난류의 영향으로 북방계와 남방계 수종이 만나는 특이한 식물생태계를 이루고 있어 학술적으로도 귀중한 곳이다. 엄격한 의미에서 순수한 동백나무 자생북한지는 백아도의 동백나무숲이 유력하다고 볼 수 있다'고 하였다.

백아도에는 우리나라 중부식물 지구에서 볼 수 있는 소태나무, 생강나무, 쇠물푸레나무, 붉나무, 신나무, 엄나무, 청미래 덩굴 등이 군락을 형성하고 있다. 그 밑에는 물레나무, 꿩의 다리, 파리풀, 삽주, 익모초, 오이풀, 맥문동 등의 온대식물이 분포되어있다.

백아도 남쪽 오섬에는 남해안 일대에 자생하는 남대식물인 큰 천남성, 동백나무, 사철나무, 탱자나무, 장구밤나무 등이 분포되어 있다. 백아도의 식물상은 해안식물, 온대식물, 난대식물 들로 형성되어 있으며 조사결과 81과 190속

235종의 식물과 73과 170종의 약용식물 자원이 분포한다.[6]

원예학적인 면에서도 동백나무는 가치가 뛰어나다. 동백나무 꽃, 잎, 열매 등은 천연염색 재료로 이용한다. 화려한 색을 내는 천연염색 재료는 동백꽃을 이용한다. 옛날부터 동백나무 씨앗(종자)에서 동백기름을 얻어 머릿기름으로 사용했다.

최근 연구결과 동백오일은 모발 손상에 대해 개선 효과가 있으며, 동백나무 잎과 동백씨 오일은 천연 화장품 소재로서의 가능성이 매우 높은 것으로 밝혀졌다.[7] 동백나무 잎 추출물은 피부질환과 관련해 우수한 항균효과를 보였으며, 항산화 활성을 나타냄으로써 기능성 화장품이나 식품 등의 원료 개발의 기초자료로 활용가치가 있음이 밝혀졌다.[8]

인천시는 화장품 제조기업들과 협력하여 동백나무 묘목을 심어 동백을 이용한 천연 화장품을 개발하여 보급하면 좋을 것 같다. 백아도 동백나무 군락지 보존대책과 함께 자연생태계에 대한 조사가 필요한 시점이다.

6) 도상학, 백아도 약용식물 분포조사, 생약학회지, 1970.

7) 최문희 · 민영자 · 오득실 · 신현재, 동백나무잎 추출물의 여드름피부 개선 효과, 대한피부미용학회지, Vol.10 No.3, 2012.

8) 김영례 · 한진섭, 동백나무 잎 추출물의 피부질환균에 대한 항균효과 및 항산화 활성, 대한미용학회지 Vol.10 No.1, 2014.

백아도 관광

백아도 남봉

남봉에서 바라본 전경

기차바위

백아도 음식

가을부터 봄까지 홍합 비빔밥과 달래간장, 더덕국은 백아도의 유명한 음식이다. 특히 필자는 해마다 2월에 친구들과 동백꽃을 보러 백아도에 가는데, 발전소 마을 고봉덕 사모가 끓여주는 홍합밥에 달래간장, 홍합 미역국, 더덕국의 맛이 아주 좋아 같이 간 일행이 감탄을 한다. 옛날에는 더덕이 지천으로 널려있었는데 봄철 관광객이 증가하자 요즈음 더덕 구경하기가 어렵다고 한다.

홍합 비빔밥과 달래간장

더덕국과 생선구이

홍합장

5

인천의 대표 수산물 젓새우

인천 대표 수산물 젓새우

젓새우
https://www.nifs.go.kr/frcenter/species/?_p=species_view&mf_tax_id=MF0013681

　새우류는 전세계적으로 약 2,900종이 알려져 있고, 우리나라에서는 약 90종이 알려져 있다. 담수산인 가재 · 새뱅이 · 징거미새우, 해산인 도화새우 · 보리새우 · 대하 · 중하 · 꽃새우 · 젓새우 등은 우리나라에서 잘 알려져 있는 종류이다.

　우리나라 연해에는 전체적으로 볼 때 대하 · 중하 · 꽃새우 · 중국젓새우 · 돗대기새우 · 자중새우 같은 온대성 새우류가 많다.[1]

　젓새우라고 하면 우리나라에서 새우젓으로 잘 알려진 새우이다. 한국에서는 인천, 목포 등 서해에 많이 분포하며, 일본, 중국, 인도네시아, 베트남 해안

---

1) 한국민족문화대백과사전.

등에서도 나타난다. 먹이는 소형플랑크톤과 저서유기물 등 이다. 10월 말에서 11월 초에 대부분 중국 바다로 가고 그 외에는 베트남이나 일본 쪽으로도 간다고 한다. 이후 봄에 다시 해안으로 돌아온다.

　새우는 일년생이 아니라 6개월 정도 생존하여 월동세대와 여름 세대로 구분한다. 월동새우는 음력 7월 하순부터 10월경에 알에서 깨어나서 겨울에는 성장을 멈추고 가만히 있다가 4월부터 성장해서 5월~6월에 알을 낳고 이제 한 달 정도 생활하다 죽는다. 산란 직전 잡은 새우를 5젓 6젓이라 하며 새우젓 중에서 유명하다. 여름 세대는 5월~6월에 이제 알에서 깨어나서 그해 7월부터 10월 사이에 산란하고 죽는다. 가을에 새우를 많이 잡히는 이유이다.[2]

　어민들은 중선이라는 배를 이용하여 새우를 잡았다. 중선은 주로 조기를 잡고 그 다음에 새우를 잡았는데 새우를 잡는 배를 젓중선 이라고 불렀다. 그물배가 중앙 안쪽에 매달려 있기 때문에 중선이라고 한다.

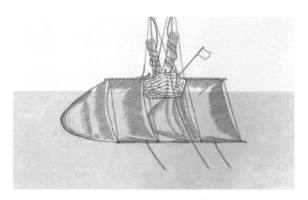

중선배, 자료: 한국민족문화대백과사전 한국정신문화연구원

---

2) 박광순·김승, 우리나라 젓새우잡이 어업의 발전·현황·과제, 한국도서연구, 제10호, 1999.

젓중선은 배에 동력이 없어 다른 배를 이용하여 이동해야 하기 때문에 전라도에서는 멍텅구리배, 충청도에서는 실치잡이배, 경기도나 강화도에서는 곳배라고 불렀다. 특히 강화 곳배는 우리나라 배 역사에도 나올 정도로 아주 유명한 배중의 하나이다.

19세기에는 서해안 지역을 중심으로 새우젓 생산이 증가하고 유통이 발달하면서 새우젓이 서민의 일상의 음식으로 정착되었다. 그리고 19세기 새우젓 수요는 쌀의 주식화, 김치의 발달을 통해 증가하고 있었다. 쌀이 주식화 되면서 새우젓은 단백질·무기질·염분의 공급원으로서, 감칠맛으로 식욕을 돋고 소화를 도우면서 부식으로서의 비중이 커졌다. 김치의 발달은 중부지역을 중심으로 김치에 새우젓이 쓰여 수요가 늘면서 궁중과 양반들만이 아니라 민중의 일상식으로 정착시키는 문화적 배경이 되었다.[3]

새우젓은 젓새우에 소금을 뿌려 젓을 담근 것을 말하며 우리조상들은 백하젓과 자하젓으로 구분하였다. 백하젓은 빛이 흰 작은 새우에 소금을 뿌려 담근 것을 말하며 참새우젓(젓새우)과 대때기 젓으로 구분한다. 참새우젓은 담그는 시기에 따라 춘젓, 5젓, 6젓, 추젓, 동백하젓으로 구분한다. 또 새우젓의 종류에는 늦봄부터 초여름에 잡히는 새우로 담근 '곤쟁이젓', 초가을에 잡히는 어린 새우로 담근 '자하젓(紫蝦. 자젓, 감동젓)', 9월에 담근 엇젓, 돗대기 새우로 담근 '돗대기젓(뒷대기젓, 뎃데기젓)', 중하로 담근 중하젓, 전라도에서 나는 아주 작은 보라색 새우로 담근 '고개미젓' 등이 있다.[4]

특히 아주 작은 새우로 담근 곤쟁이젓은 조선 중종 때 남곤과 심정의 이름에서 유래되었다는 설이 있다. 남곤과 심정은 조광조 일파를 숙청하는 기묘사화

---

3) 안정윤, 19세기 서해안지역의 새우젓 생산이 식생활에 미친 영향. 중앙대대학원, 2002.
4) 뉴스천지, 2014년 5월 19일.

를 일으켰던 사람들로 '젓 담아 버릴 사람'이라는 비난이 담긴 뜻으로 쓰인다.

젓새우잡이 어업은 황해도 해주, 강화, 인천, 경기도 등 지역에서 시작하여 충청도, 전라도 지방에 확산된 것으로 보인다. 인천·강화 어민들은 1970년 대 중반이후 젓새우어장 중심지였던 만도리어장, 장봉도어장, 용유리어장, 선수어장 등에서 젓새우가 많이 나지 않게 되자 영광 낙월도, 신안 임자도 등 서 남해안 어장에 젓새우잡이 출가어업을 하여 서남해안 지역 젓새우잡이 어업 에 영향을 주었다.[5]

1. 울도 새우파시

---

5) 박광순·김승, 우리나라 젓새우잡이 어업의 발전·현황·과제, 한국도서연구, 제10호, 1999.

인천시 옹진군 덕적면 울도는 인천연안부두에서 출발해 덕적도에서 배(나래호)를 갈아타고 가야한다. 2021년 3월 기준 주민등록상 인구는 73명 정도이다. 일제강점기 이곳 울도어장은 동해의 청진어장과 함께 2대 지정어장으로 새우가 유명했다. 1940~50년대 젓새우 파시(波市)가 열렸다.

울도방파제가 끝나는 지점에 덕적초등학교 울도 분교가 있다. 울도 분교는 1989년 폐교돼 방치돼 있다. 폐교되기 전에는 학교 운동장 앞까지 바닷물이 들어와 학생들이 공부를 하다말고 운동장으로 뛰어나가 수영을 하곤 했다고 한다. 울도 바다가 학교 운동장인 셈이었다.

울도 등대에서 본 덕적군도 사진

"예전엔 울도 새우하면 전국에서 알아줬지. 일제강점기 큰아버지가 36년간 마을 이장을 했거든. 큰아버지는 여기서 안강망어선 2척을 갖고 계셨는데, 잡은 새우를 말려 중국에 수출까지 하셨다고 해. 말린 새우를 건하(乾蝦)라고 했는데, 그 땐 집집마다 가마솥이 있어 새우를 쪄서 말리던 기억이 아직도 생생해. 저기 마을입구에 보이는 노인정 있지. 노인정 옆에 보면 아직도 새우를 잡아 찌던 가마솥 터가 남아있어. 또 새우를 잡는 안강망 그물이 면사라서 튼튼하게 하려고 가마솥에 삶아 물을 들이기도 했던 기억이 있어. 지금은 그런 가마솥도 찾아보기 힘들지." (울도 김상식)

김상식 어르신은 이 섬에서 나고 자란 토박이다.

매일신보(1933년 11월 8일자)를 보면 "울도 어장은 지금이 한철로 3백여 척이 조업하여 어획량이 12월 중순경까지 평년의 3배인 15만 환을 기록할 모양인데, 만주국(일본이 만주 지역에 세운 괴뢰 국가)에 신 판로를 개척하여 시세도 평년보다 3~4배 폭등 하고 풍년을 맞이하여 중국 청도, 대련, 만주까지 수출하였다"고 기록돼 있다. 동아일보(1939년 6월 9일자)에는 "인천수산시험장에서는 새우의 산지로 유명한 인천근해 덕적도 울도 부근에서 새우의 성어기를 맞이하여 각지의 새우잡이 배로 일대호화판을 이루고 있다. 이에 수산시험장으로서는 새우의 신보고(寶庫)를 탐험코자 수일 전부터 울도 근해를 항해를 하다 귀환했는데 울도 서측 굴업도 근해가 풍어의 보고로 보고 있다고 하며 어획량은 울도 보다 3~4배 많을 것으로 판단 된다"고 보도됐다.

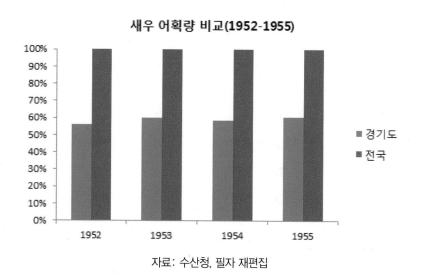

새우 어획량 비교(1952-1955)

자료: 수산청, 필자 재편집

당시 새우 어획량을 보면 1952년~1955년까지 경기도(인천)가 전국 총어획량의 60%를 차지하고 있었다.

"1930년 중반에 울도 주민 문성재 씨가 새우어장을 발견한 것으로 기억해. 주민들은 울도 어장에서 새우를 잡아서 중국 청도, 대련 등지에 수출했지. 중국 사람들이 풍토병 때문에 새우를 꼭 먹어야 한다고 해서 많이 수출했거든. 마른 새우로 만들기 위해 울도, 백아도, 장부도, 지도 등에 건하장(乾蝦場:새우를 말리는 곳)이 있었는데 해방이후 폐장되었지. 이 새우 덕분에 덕적도 경제가 매우 좋아서 외국으로 유학한 학생이 육지보다 많았지." (덕적도 송은호)

"새우 중에서 됫대기(돗대기, 뎃데기)가 있는데 껍질이 두껍고 오래 살아요. 김장할 때 많이 써요. 요즘 사람들은 살아서 펄펄 뛰는 거 좋아하잖아요? 실제로는 껍질이 두꺼워 참젓 보다 맛이 없어요. 요즈음은 전라도, 충청도 배들이 와서 새우를 잡아요. 봄, 가을에 울도 앞 바다에 닷을 내리고 동백하(음력 12월 잡는 새우) 끝날 때까지 새우를 잡아요. 옛날에 비하면 새우가 별로 없어요."(울도 김상식)

울도여행

울도 등대 가는길

울도 등대

1960년대 설치된 무인등대이다. 등대를 만들 때 주민들이 지게에 돌과 시멘트를 지고 정상까지 날랐다고 한다. 울도 등대 근처의 의자에 앉아 감상하는 덕적군도의 경치는 환상적이다.

울도 등대

장어 말림

몽돌해변

2. 문갑도 새우젓과 독공장

문갑도는 인천연안부두에서 출발해 덕적도에서 내려 배(나래호)를 갈아타고
가야한다. 2021년 3월 기준 주민등록상 인구는 104명 정도이다.

정류재란(丁酉再亂)때 강릉 김씨 상서공파인 김명립(金命立)과 아우 명리(
命理) 두 형제가 경기도 김포 마송리로 부터 소야도와 문갑도로 이주해왔다
는 기록이 있다. 현재 문갑도에는 강릉 김씨와 김해 김씨가 다수를 차지한다.

문갑도 마을전경

문갑도는 2010년 '토탈 디자인 빌리지 사업'으로 돌담을 쌓고, 호수공원 등을 조성했다. 2014년 경관협정 지원 시범사업을 진행 했는데, 그해 주민들 스스로 9월 중순부터 10월 중순까지 잡히는 '자구리'라는 물고기를 소재로 '제1회 자구리 축제'를 개최하였다.

자구리

모양새는 밴댕이와 비슷하며 맛은 전어 맛이 난다. 전어보다 가시가 연하고 맛이 좋다. 9월말 전후에만 잡힌다. 문갑도 주민들은 자구리를 잡아 말린 다음 구이로 먹는다.

자구리 구이

"할아버지 때 승봉도에서 문갑도로 이주해와 여기서 태어나고 학교를 다녔지. 고등학교는 인천에서 다녔어. 문갑도와 선갑도, 각흘도 주변에서 새우가 무척 많이 잡혔어. 물론 소야도와 이작도, 문갑도 사이를 반도골이라 부르는데 여기서 민어를 많이 잡았지. 당시 범선이 아침에 나가 오후에 새우를 가득 싣고 들어오면 즉시 소금에 절여 탱크(새우를 저장 하던 창고)에 보관하거나, 쪄서 말리기도 했어. 그 때는 부두에 배가 너무 많아 정박이 어려울 정도였으니까. 마을 뒤편과 우물가 근처 언덕, 그리고 한월리 마을에도 사람들이 많이 살았던 것으로 기억해."(전 문갑도 어촌계장 임성민)

문갑도에서 새우가 많이 잡히면서 새우젓을 담은 독(항아리)이 필요해지자 1950년대 중반 북한에서 내려온 피난민들이 한월리 해변에서 새우젓 독을 생산했다. 당시 새우젓 독공장(주인 남주관)에는 인부 10명이 고용됐다. 지금의 천주교성당 문갑공소에도 독공장이 있었다. 산 주변에 가마가 있었고 독을 만드는 흙은 충남에서 싣고 와서 물과 혼합해 만들었다고 한다.

천주교성당 문갑공소와 한얼리 새우젓 독가마 터

현재 문갑도 천주교 공소회장인 김진규(현 이장, 전 안강망조합 근무)씨에 따르면 당시 젓새우는 주로 안강망으로 조업을 했다. 안강망 조업은 수해와 암해로 어구를 열고 닫으며, 조류에 의해 새우가 자루그물 속으로 들어가도록

한 것이다. 수해는 대나무이고 암해는 참나무를 사용했는데 대부분이 수입한 것이었다. 1980년대 초부터는 쇠파이프로 만든 암해와 수해를 사용하기 시작했는데, 일신제강(현, 동부제강)에서 생산해 안강망 수협에 공급했다. 1980년 중반에는 범퍼(행글라이더 이론에 따라 물이 들어오면 위는 뜨고 아래는 가라앉는)로 구성됐다.

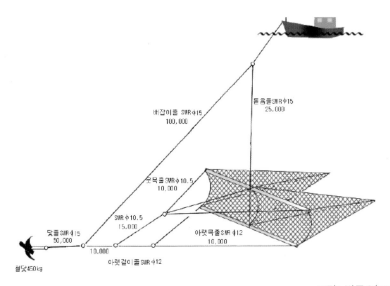

그림: 박종오(2009)

　문갑도 어민들은 겨울철 북서풍(높하늬바람)을 타고 충남 당진 · 서산 · 홍성 등지를 내왕하면서 새우젓을 팔았다. 쌀, 잡곡 등과 물물교환도 이뤄졌다. 평택 · 아산 · 줄포 등 큰 포구에서는 객주가 상인으로부터 새우젓을 모아서 도매로 넘기거나, 작은 포구인 예산 구만포, 아산 선장, 서산 거문도리, 창금 대산, 예산 서두물, 거문돌, 귀양도에서는 새우젓을 등짐을 지고 다니면서 판매하기도 했다.

"어른들 말씀에 의하면 지리를 잘 몰라 '얼마만큼 가야합니까?' 물어보면 '좀만 가면 돼'라고 해서 가다보면 하루 종일 걸어간 적도 있다고 해. 1960년대에는 배에 20드럼 정도 새우젓을 싣고 인천에 있는 상회에 직접 내다 팔기도 했데. 한번은 내가 1975년에 강화에서 근무하고 있는데 마을주민들이 거기까지 굴을 팔러 와서 만난 적이 있는데 지금도 그때 이야기를 하곤 하지." (전 문갑도 어촌계장 임성민)

그러나 1960년대 말 문갑도에서는 새우가 잡히지 않았다. 그러자 어민들은 1970년 초부터 본격적으로 꽃게조업을 시작했다.

꽃게는 1969년 일본에 수출한 것을 시작으로 70년대 대일 수출의 중요한 품목이 되었다. 당시 부천수협에서 어구, 배 구입을 알선해주는 한편 운영자금 등을 선주에게 빌려주었다. 선주들이 꽃게를 조합에 팔면 운반선이 꽃게를 싣고 인천항을 경유해 김포공항을 통해 일본으로 수출했다.

꽃게잡이 배는 보통 선원 12~13명이 필요한데 섬주민 만으로는 부족했다. 그래서 외지인들이 들어와 작업을 하게 됐는데 현지인과 눈이 맞아 시집·장가를 가는 경우도 있었다. 새우젓과 꽃게잡이에 따라 문갑도에서는 충청권 및 인천 지방과의 혼인비율이 크게 증가한다.

충청권 혼인비율은 남자의 경우 51~60년 4%에서 70~79년에 13%로, 여자의 경우 51~60년에 11%에서, 70~79년에 19%로 늘었다. 1960년 이후 문갑도와 충청권은 혼인비율이 증가하여 교류가 활발하게 진행된 것으로 보인다.

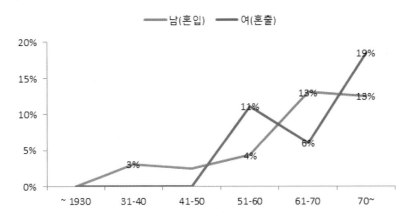

충청권

━ 남(혼입) ━ 여(혼출)

그리고 꽃게운반선이 인천항을 통해 교역하다보니 1970년대 이후 도내, 다른 군(인천지방)과 결혼이 남자 33%, 여자 36%로 크게 증가하여 인천시와 교류가 증가 한 것으로 보인다.

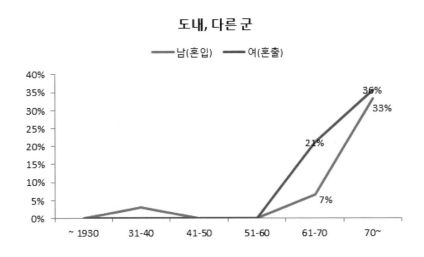

도내, 다른 군

━ 남(혼입) ━ 여(혼출)

1960년대 후반 문갑도는 물론 울도 어장에서도 새우가 사라진다.

그리고 새우대표 어장인 만도리, 용유리, 강화도 어장은 영종도 신국제공항 건설로, 충남 천수만 어장은 천수만의 간척사업으로 어장이 축소되고 강화 선수어장은 한강의 오염원으로 인해 타격을 받는다.

그렇게 되자 옹진, 강화, 충청도 지역의 배들은 서남해안(전북, 전남)까지 장기 출가 어업을 하게 된다. 서남해안의 젓새우잡이 출가 어업은 '구정 밥먹고 봄 젓을 잡으러 나가'는 것으로 시작된다. 내려갈 때 높새바람이 불면 동력선보다 빨리 가고, 돌아올 때는 마파람을 받으면서 온다고 한다.[6]

"고등학교 졸업하던 1967년경에 문갑도에서 새우가 잡히지 않자 아버지 배를 타고 1년 정도 전라도까지 가서 새우를 잡은 기억도 있어."(문갑도 전어촌 계장 임성민)

6) 윤형숙, 강화도 젓새우잡이 어업의 발달과 변화, 도서문화 제 34집, 2009.

문갑도 여행

문갑도 깃대봉에서 본 굴업도와 풀등

문갑도와 굴업도 사이 풀등

문갑도 지역특산물인 벙구나물(엄나무)을 이용한 사업으로 행정안전부로 부터 마을기업으로 지정되었다.

벙구나물(엄나무 순)

3. 장봉도 새우와 곳배

장봉도는 영종도 북쪽에 있는 옹진군 북도면에 소재하고 있다. 2021년 기준 북도면 주민등록상의 인구는 2,149명이다. 장봉도에 985명이 살고 있고, 신도 661명, 시도 385명, 모도 118명이다.

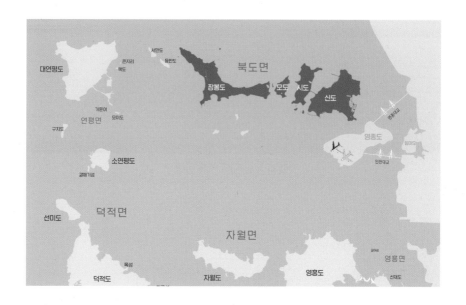

북도면은 영종도 삼목선착장에서 배를 타고 갈수 있다. 영종대교 또는 인천 대교를 타고 영종도에 도착해 북쪽으로 가면 삼목선착장이 나온다. 삼목선착장에서는 매시간 배가 다닌다. 직접 차를 배에 싣고 가 섬 일주를 할 수 있어 영흥도 다음으로 관광객이 많은 편이다.

신·시·모도는 연도교로 이어져 있다. 삼목 선착장에서 배를 타고 신도에서 내려 시도에 갈 수 있고 시도에서는 모도를 갈 수 있다. 현재 영종도와 신도를 잇는 신도대교가 건설 중이다.

과거에는 신도, 시도, 모도, 장봉도가 강화에 속해 있어 강화 생활권이라고 볼수 있었다. 신도, 시도, 모도는 강화부에 있었고, 장봉도는 교동에 속해 있어 군사적으로 중요한 지역이었음을 알 수 있다.

신도에는 옛날에 말 목장이 있었다. '신도'의 '신'은 믿을 신(信)자인데 사람들이 믿을만하고 착실하고 훌륭하다 해서 붙여진 이름이라고 한다. 신도에서는 신도4리에 있는 염전이 유명했고 현재도 남아있다.

시도는 수기 해수욕장과 느진구지 해수욕장이 유명하다. 고기를 잡는 살이라는 도구가 있는데 독살처럼 이 살을 많이 쳤다고 해서 애초 이 섬을 살섬이라고 불렀다는 이야기와 섬의 모양이 화살처럼 생겼다고 해서 살섬이라고 했다는 이야기가 전해진다. 이를 토대로 후에 화살 시(矢)자를 붙여서 시도라고 불렀다고 한다. 시도에는 북도면 사무소가 있다.[7]

모도는 이일호 조각가가 만든 조각공원이 유명하다. 시도와 모도 사이는 물살이 매우 빨라서 곳배를 이용하여 새우를 많이 잡았다고 한다.

장봉도는 배터에서 내리자마자 오른쪽에 인어상이 있다. 옛날에 한 어부가 그물에 걸린 인어를 풀어 주었더니 풍어를 이루었다는 전설이 있다.

장봉도 인어상

7) 인천광역시시사편찬위원회, 인천광역시사, 인천의 섬과 역사문화, 2017.

장봉도 특산물로는 생합(상합)과 장봉김이 유명하다. 생합은 잡아서 바로 날로 먹을 수 있는 조개로 장봉도, 강화 주문도, 볼음도 등에서 나오고 있다. 인천에서 연세가 좀 드신 분들은 생합탕을 최고의 술안주로 꼽고 있다.

장봉도는 우리나라 3대 어장 중의 하나였다. 장봉도 왼쪽의 동만도 서만도 주변 만도리 어장, 위쪽 수시도 어장, 석모도와 주문도 사이 은염어장, 강화본도와 석모도 사이 선수어장 등은 한강하구에서 내려온 강물과 바닷물이 만나는 기수역(민물과 바닷물이 자유롭게 섞이는 곳. 기수역에서는 조수 간만의 차에 따라 다양한 생물이 산다)으로 옛날부터 황금어장으로 유명했다. 1960대까지 조기, 민어, 밴댕이, 젓새우 어업으로 유명하였다.

장봉도 주변 어장

장봉도 가막머리 전망대에서 본 어장 (왼쪽섬이 동만도 · 서만도)

장봉도에서 만도리어장을 바라보는 지역에 건어장 해변이라는 지명이 있는데, 새우나 고기를 워낙 많이 잡아 그것을 널어놓아 붙여진 이름이다. 건어장 해변을 지나다보면 이상한 배가 전시돼 있는데 이 배를 '곳배'라 부른다. 곳배는 대형 닻 대신 곳방석을 닻으로 사용하였다. 곳방석이란 긴 참나무 2개를 교차하여 십자로 만든 후 그 사이에 잔 나뭇가지를 놓고 철사로 빙둘러 엮어서 마치 원형의 거미줄처럼 만든 판이다. 어장에 나가면 이 곳방석을 바다에 가라앉히고 가지고 간 직경 30㎝ 정도 되는 돌 150여 개를 그 위에 투하하여 해저에 견고하게 고정한다. 이 곳방석을 사용하는 데서 곳배라는 이름이 유래하였다.[8]

곳방석

곳배

8) 한국민속대백과사전.

나무는 소나무로, 칡 넝쿨을 이용하여 밧줄을 만들었다고 한다. 옛날 사람들에 따르면 곳방석은 고기를 잡으려면 닻 대신에 그 닻 역할을 했던 도구라고 한다. 강화도 및 경기도에서는 이배를 곳배, 충청도에는 실치잡이배, 전라도에서는 멍텅구리배 라고 불렀다. 동력이 없어 스스로 움직이지 못하니까 다른 배가 끌고 와서 물살이 빠른 곳에 내려는데 곳방석을 닻대신 사용하게 된다.

장봉도 곳배를 이용했던 장봉도발전위원회 고충신 회장에 의하면, 한강에 홍수가 나고 비가 많이 오는 해 이면 장봉도에선 새우가 많이 잡혔다고 한다. 장봉도 출신 차광윤대표는 "옛날에 아버님이 장봉도 곳배를 이용하여 사업을 하셨다"며 고기를 잡던 인부들이 우리집에서 같이 살았는데 곳배에 대해 이야기 하는 것을 많이 들었다고 말했다.

곳배는 '시선'이라는 불리는 경기도 지역의 상선 및 화물선의 모태가 되었다. 땔나무를 운반하던 배의 모태가 곳배 이다. 구한말과 일제시대에 개량선과 동력선이 등장하여 시선배가 쇠퇴하자, 무동력 배로 개조하여 새우잡이용으로 사용하였다고 한다. 곳배는 무동력 어선으로 다른 배가 어장으로 끌고 가서 물살이 빠른데 내려놓고 간다. 물이 들어올 때 새우를 잡고, 물이 빠질 때 갓 잡은 새우를 새우젓 독에다 넣고 소금을 첨가하여 새우를 절인다. 어로활동이 어느 정도 마무리되 대기하고 있으면 운반선이 와서 새우젓을 운반해 가서 강화나 인천객주에 팔거나 중간상에게 넘겼다.[9]

---

9) 한재철. 한선의 구조와 변천. 목포대학교. 2000.

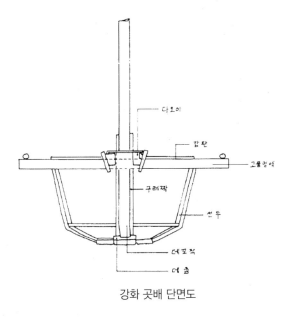

강화 곳배 단면도

그림 : 한재철

4. 강화 석모도 새우

강화군 석모도는 지금은 다리가 건설되어 쉽게 접근 할 수 있는 섬이다. 석모
도는 삼산면 보문사, 온천으로 유명하며 삼량염점 자리에 골프장이 건설 중이
다. 석모도가 있는 삼산면의 인구는 2021년 12월 현재 2,192명이다.

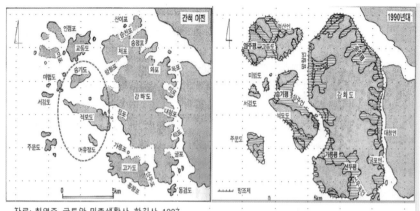

자료: 최영준, 국토와 민족생활사, 한길사, 1997.

석모도는 원래 송가도, 석모도, 어류정도 등 3개 섬으로 이루어졌는데 일제
강점기인 1920년대 말부터 해방 후 1950년대 까지 매립을 하여 현재의 석모
도가 되었다. 대부분 농토로 개발됐고 어류정 주변 매음리(물을 끓여서 소금
을 만들다보니 연기가 워낙 많이 나서 매음리라 부름)는 염전으로 개발되어 삼
량염전이 있었다.

송가평이 있는 석모3리는 구란마을(마을 이름이 거북모양처럼 생겨서 붙여
진 이름)이라 부르며 송가평에서 석모도 쌀의 30%를 생산한다. 쌀맛이 좋아
서 석모도를 대표하는 쌀이다. 이 마을 농악은 한국민족문화대백과사전에 소
개될 정도로 유명하다.

삼산농악은 벼베기부터 탈곡할 때까지의 농사풀이 위주로 구성되는데, 이는
씨뿌리기-김매기-콩심기-새참-벼베기-볏가마쌓기 등이다. 삼산농악의 특
징은 장구보다는 북 위주로 치배를 편성하고 소고놀이에 어울리는 가락으로
편성되었다는 점이다.[10]

---

10) 한국민속대백과사전.

마을주민 문윤수 어르신에 의하면 어릴때 상모돌리기에 참여한 적이 있는데 음력 1월부터 정월대보름 까지 마을 곳곳을 다녔다고 한다. 최근에는 석모3리가 고향인 차동섭씨가 은퇴하고 일주일에 한 번씩 농악 강습을 하고 있다. 인천시 마을공동체 지원센터와 필자가 2017년 11월~2월까지 4개월 정도 컨설팅을 함께 하였다. 2018년 4월 28일 제1회 삼봉산 구란마을 마을축제를 개최하였다.

제1회 상봉산 진달래 축제

이 마을 주변에서는 '박석(薄石)돌'이라고 부르는, 두께 10cm~20cm의 비교적 얇은 돌을 흔히 볼 수 있다. 시루떡처럼 돌이 일정하게 겹겹이 있는 돌인데 재질이 상당히 단단해서 포장용으로 많이 썼다고 한다. 조선왕조실록(제58권, 세종 14년 10월 20일)에도 석모도의 박석돌을 사용해야 되겠다고 임금에게 건의를 하는 글이 있다. 최근 석모도의 박석돌을 종묘를 비롯해 광화문과 숭례문을 복구 하는데 사용했다고 한다.

석모도에는 해발 316 미터의 상봉산이 있어 주문도, 볼음도는 물론, 북한까지 볼 수 있다. 석모도는 시월애 및 취화선 영화 촬영 장소로도 유명하다. 하리항에서는 미법도와 서검도를 갈 수 있다.

볼음도 및 아차도는 은염어장이 형성돼 새우젓으로 유명했으나 어로저지선이 3차에 걸쳐 남쪽으로 내려와 고기잡이가 어려워지고 한강의 오염 증가로 고기가 고갈되는 등 위기를 맞게 된다.

볼음도 및 아차도 어민들은 전북과 군산으로 이전하거나, 전남까지 장기 출가 어업을 하기 시작한다. 강화 선수포구에서 고기잡이를 하던 해일호 선장 이주학씨, 선수어촌 계장 지유식씨 등도 장기 출가 어업을 했던 시절을 기억하고 있었다.

이들 주민에 의하면 보통 음력 정월(1월)정월대보름이 지나면 새우잡이 출어를 시작하여 7월~8월 까지 장기 출가 어업을 하였다고 한다. 전북, 전남 까지 장기 출가하여 잡은 새우는 운반선이 와서 목포나 신안에서 위탁 판매했다고 한다. 7월~8월 민어잡이 철에 인천으로 와서 쉬었다가 9월~10월에 인천, 강화에서 새우를 잡았다고 한다.

1981년 당시 젓새우 조업선 현황을 보면, 전체 조업선은 303척으로 이중 강화 · 옹진조합 소속의 배는 100척으로 약 33%를 차지하고 있다. 영광, 신안 배 들은 무동력이 많은 편이나 강화 · 옹진조합 소속의 배는 동력선이 많았다.

소속 조합	톤급	동력선(척)		
		계	동력	무동력
계		303	60	243
강화	10~40톤	70	40	30
옹진	30~50톤	30	–	30
영광	10~20톤	73	–	73
신안	10~40톤	130	20	110

자료 : 박광순 · 김승(1999)

1981년 지역별 새우 생산 실적을 보면 강화, 옹진 어장은 17.4%, 천수만 어장 9.9%, 영광어장 5.0%, 신안어장은 67.2%를 차지한다.

　특이한 것은 강화 · 옹진조합 배는 무동력선보다 동력선이 많고, 조업방법이 전남이나 전북 보다는 상당히 우수했다는 점이다. 실제로 60~70년대 강화나 인천의 어민들이 전남이나 전북에 내려가서 배를 만들어 주고 어구어법에 대해 전해주었다고 한다. 예컨대 소청도나 대청도 어민들이 홍어잡이 방식을 흑산도에 전해준 것처럼 60~70년대 까지만 하더라도 인천의 어업이나 어구어망 기술은 전남, 전북 보다 상당히 우월하였다고 한다. 이같은 기술적 격차 때문에 인천의 어민들이 전남, 전북 지역에 가서 고기를 잡아도 별로 충돌이 빚어지지 않았고 현지 어민들도 여러 가지 기술을 수용했다고 한다.

구분		새우젓 종류별 생산 실적						
		계	(%)	동백하젓	봄젓	6.5젓	자젓	추젓
합계		40,200	100	4,000	8,600	11,500	4,200	11,900
서해안	강화, 옹진 어장	7,000	17.4	–	1,400	–	4,200	1,400
	천수만 어장	4,200	9.9	–	2,000	–	–	2,000
	칠산 어장	200	0.5	–	200	–	–	–
전남 서남해	영광 어장	2,000	5.0	–	–	1,500	–	500
	신안 어장	27,000	67.2	4,000	5,000	10,000	–	8,000

자료 : 박광순 · 김승(1999)

　2000년대까지 인천이나 강화에서 새우가 거의 잡히지 않다가 2007년도 이후에 만도리 어장이나 장봉 어장, 선수 어장의 젓새우가 또 다시 활기를 띠기 시작했다. 지금은 가을에 강화에서 새우가 아주 많이 잡히고 있으며 강화새우젓 축제도 열리고 있다.

이제는 반대로 전라도 및 충청도 배들이 인천으로 출가 어업을 하고 있다. 전라도 및 충청도에서 새우잡이 배들이 강화, 울도, 각흘도, 백령도까지 와서 젓새우를 잡고 있다. 이 배들은 생산 시설도 좋고 배 톤 수도 큰 데다, 그물도 상당히 뛰어나다. 또한 근해 어업 허가권을 갖고 있어 큰 문제가 되지 않는다. 이들이 잡은 젓새우는 운반선이 운송해 목포나 신안 수협을 통해서 위탁 판매되고 있다. 신안에서 중매인을 하고 있는 김상렬씨는 전라남도 신안 젓새우의 30~40% 정도가 인천근해에서 잡은 것으로 추정한다.

자료: 통계청, 인천, 전남 새우 어획고

파랑색은 1980년대 부터 2018년도까지 인천의 젓새우 어획량이다. 70~80년대 인천, 강화에서 젓새우가 많이 잡히지 않는다. 그래서 인천 배들이 전남, 전북에 장기 출가어업을 하고 그 곳 수협에다 위탁 판매하여 전남, 전북의 어획량이 되었다.

2007년 이후 새우가 다시 잡히기 시작하며 2018년 기준 인천의 어획량은

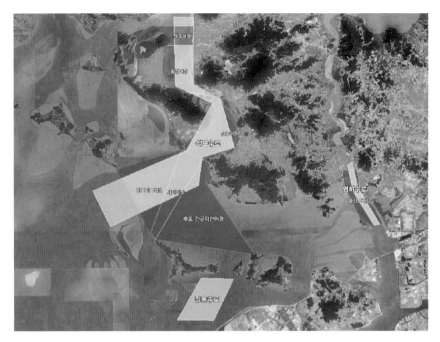

자료: 2018년 젓새우 자원량 정밀조사 연구어업결과, 인천시

1,300백톤 정도로 집계됐다. 전남은 10,664톤을 기록했는데 이 중 전라도 배들이 강화, 옹진에 올라와서 잡은 젓새우(30~40%)를 추정하면 인천에서 잡은 젓새우는 약 4,000천톤 이상일 것으로 추정된다.

최근 젓새우 자원량 조사를 보면, 상주어장은 면적이 8㎢로 조업기간은 매년 5월 1일~12월 31일까지이며, 황청어장은 면적이 14㎢로 조업기간은 매년 3월 1일~12월 31일까지로 젓새우, 밴댕이가 주요 품종이다. 선수어장은 면적이 20㎢로 조업기간은 매년 3월1일~12월 31일까지로 젓새우, 밴댕이가 주요 품종이다. 만도리B어장은 면적이 26㎢로 조업기간은 3월 1일~11월 30일까지로 새우류, 젓새우, 꽃게, 병어가 주요 품종이다. 새터어장은 면적이 15㎢로서 조업기간은 3월 1일~12월 31일 이고 꽃게, 젓새우가 주요 품종이다. 후포·긴곶지선어장은 면적이 44㎢로 조업기간은 3월 1일~12월 31일이다. 황산도어장은 면적이 10㎢로 조업기간은 3월 1일~12월 31일이고 실뱀장어, 젓새우가 주요 품종이다.[11]

아직도 인천 앞바다에서는 상당히 많은 새우가 잡히고 있다고 볼 수 있다. 젓새우에 대한 연구와 함께 대표적 브랜드화를 해야 할 때가 아닌가 싶다.

석모도 배충원(강화군의원)씨에 의하면 새우나 갑각류 같은 경우는 민물과 바닷물이 만나는 지점에서 민물이 상당량 흘러내려야 많이 잡힌다고 한다. 예컨대 장봉도에 사는 고충신씨는 1987~1988년 여름에 비가 많이 왔는데 빗물로 인해 한강 물이 많이 흘러 내려와 새우를 굉장히 많이 잡았던 기억을 들려주었다. 고충신씨의 말은 한강 하구 오염을 정화하여 어장을 보호할 필요가 있다는 점을 시사한다.

또한 곳배는 전통배(韓船) 선형을 그대로 유지하는, 우리나라 선박의 맥을 이어오는 선박이다. 강화 곳배는 전통 한선의 선형을 그대로 유지하고 배의 규모, 선수와 선미의 비율, 전체 높이 등에서 전통 한선과 비슷하며 선수의 구조가 전통 한선과 동일하다고 한다.[12]

배충원씨는 "곳배 체험장을 만들어 평소에는 곳배 체험도 하고 환경 정화 작업도 하면 더 좋을 것 같다. 곳배 및 새우젓 박물관을 만들 필요가 있다"고 말했다.

---

11) 인천시, 2018년 젓새우 자원량 정밀조사 연구어업결과, 2019.
12) 한재철, 한선의 구조와 변천, 목포대학교, 2000.

6

심청전의 고향 백령도

심청전의 고향 백령도

심청전, 백령도인가 전남 곡성인가?

백령도는 우리나라에서 8번째로 큰 섬이다. 인천에서 230km 정도 떨어져 있으며 북한의 황해도 장연군과는 직선거리로 10km 정도로 가깝다.

백령도의 주민등록상 인구는 2021년 3월 기준 5,094명이다. 백령도 대청도 소청도는 하나의 생활문화권이다.

1910년 백령도 고봉포에서 장연군 덕동포로 운항하는 배가 있었고, 1926년 대청도-백령도-덕동포 항로를 격일제로 정기운항 했으나 3년 만에 운항 중단하였다. 1933년 30톤급 발동선 2척이 운항을 했고, 1938년 장연군 출신 김석춘외 3명이 인수하여 8월 15일까지 운항하였다.

해방전, 주민들은 몽금포, 덕동포, 구미포를 통해 당시 가장 큰 5일 장이 열리는 장연읍에서 생활 용품과 공산품을 구입하였다. 그러나 분단후 장연을 갈 수 없어, 옹진군 읍저를 통해 옹진 5일장을 이용하였으나, 6.25이후 남북분단으로 인하여 단절되고 현재는 인천에서 정기적으로 가는 배를 이용하여 생활 용품과 공산품을 구입하고 있다.

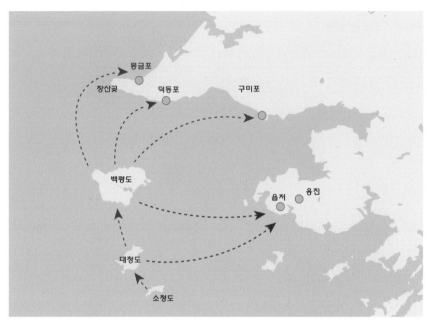

자료: 국토연구원, 평화벨트구축을 위한 서해 남북접경지역 이용방안, 2004

백령면 진촌리에 효녀 심청을 기념하기 위한 심청각이 있다.

심청각, 사진제공: 문경숙

심청전은 백령도를 중심으로 한 배경설화이다. 북한의 장산곶과 백령도 사이를 인당수라고 부르는데 물살이 상당히 빠르기로 유명하다. 심청전에서 나오는 공양미 삼백 석을 바친 곳은 몽은사라는 절로, 약 150년 전에 폐사돼서 지금은 존재하지 않는다.

심청이를 태운 배가 떠난 곳이 바로 장천 마을인데 이 마을에서 심청이 중국 상인들에게 팔려 배를 타고 가서 인당수에 빠져 죽었다고 한다. 심청이 죽고 나서 용궁에서 연꽃을 타고 나온 곳이 연화 바위 근처라고 하고 연꽃을 타고 나온 마을을 연화리 라고 한다.

장천포구, 사진제공: 문경숙

연봉바위, 사진제공: 문경숙

　심청전은 판소리 심청전을 바탕으로 한 한글 소설로, 판소리계 소설이다. 지은이와 정확한 창작 시기는 알 수 없다. 심청전은 여러 가지 대본들이 있는데 이들 대본을 이본이라고 한다. 최운식 교수에 의하면 심청전 이본은 80여 가지 정도 된다고 한다.

　판소리 심청전에서 심청이 태어나서 자란 곳은 북한의 황주 노화동 이라고 하고, 심청이 죽었다가 살아난 곳은 인당수라고 하는데 백령도 위쪽 북한의 장산곶 근처이다. 장산곶은 물살이 상당히 센 곳으로 유명하다.

백령도는 해방전까지 현재 북한의 구미포, 덕동포, 몽금포와 생활문화권에 속해 있었고, 육로나 배를 이용해 사리원이나 황주, 평양 등과 교류하였다. 황주는 백령도에서 몽금포를 거쳐 배를 타고 남포를 지나는 뱃길이 있었다.

심청의 고향이 황주라는 것은 박만춘 이라는 사람이 부른 심청가에서 비롯된 것으로 알려져 있다. 그는 봉산(봉산탈춤으로 유명)에서 판소리를 처음 시작했는데, 심청이 황주에서 태어났다는 내용으로 심청가를 시작한 것으로 추정된다. 황주는 사과로도 유명한데 일본이나 중국 동남아로 수출할 정도였다.

'장산곶 마루에 북소리 나더니'로 시작하는 몽금포타령 있는데 몽금포는 우리나라 기독교가 처음으로 들어와 세례를 시작한 지역이다. 언더우드 등 서양 선교사의 휴양지로 이용되기도 했다. 그리고 장산곶 지역은 한류하고 난류가 교차되는 수역으로 북한에서는 장산곶 식물 보호구로 지정되었고 까나리, 홍어, 갈치, 멸치 등이 아주 유명했다고 한다.

해방이전까지 백령도는 북한 용연군과 같은 생활문화권에 속해 있었고, 중국 상인들과도 교류가 많았던 곳이다. 서울에서 중국으로 가기 위해서는 몇 가지 항로가 있는데 그중 하나로 서울에서 출발해서 강화도, 주문도, 연평도, 옹진반도 순위도, 대청도, 백령도를 통해 중국으로 가는 황해 횡단 항로가 있었다.

그래서 중국 사람들과 교역이 많아 심청전에 대한 설화나 내용이 반영될 수 있는 지리적 여건을 갖추고 있었다고 생각된다.

심청전은 태몽설화, 효행설화, 재생설화, 아버지가 그걸 보고 놀라서 눈을 떴다 하는 개안설화를 중심으로 만들어졌다.

심청전 판소리를 들은 사람들의 입을 통해 전해졌는데, 이를 구전설화라고 한다. 어떤 지역을 지명으로 해서 설화가 만들어진 사례도 있고 어떤 책을 통해서, 사람들의 그 어떤 계기를 통해서 구전되어 말로 전해지는 사례가 설화로 되는 경우도 있다.

백령도 심청설화는 판소리 심청전을 들은 사람들의 입에서 입으로 구전되어서 지리적 배경과 잘 맞는 심청설화로 발전 하였다. 백령도가 심청전의 근원지라는 것을 규명하기 위해 많은 연구를 한 학자가 최운식 교수이다. 최운식 교수는 백령도에 사는 어르신들을 대상으로 한 인터뷰 및 연구를 통해 심청전이 백령도에서 나왔다고 하는 연구논문을 발표하였다.[1]

반면 전남 곡성에선 심청의 생가가 복원되고, 2000년부터는 심청 축제가 열리고 있다. 근거는 관음사 연기설화를 바탕으로 하고 있다. 심청은 설화가 아니고 실존 인물로 아버지 원량과 함께 곡성에서 살았다고 한다.

곡성심청 축제, 사진: 곡성군청

관음사 연기설화를 보면 충청도 대흥현에 원량이라는 맹인이 아내를 잃고 홍장이라는 딸과 함께 살고 있었다. 원량이 하루는 홍법사 승려를 만나 시주를 하면 눈을 뜰 수 있다고 전해 듣는다. 원량이 자신의 열여섯살 된 딸 홍장을 팔아주기로 약속하고 소랑포(蘇浪浦)에서 쉬고 있을 때, 마침 중국 선원들이 나타나 홍장의 아름다운 자태를 보고 그녀를 사서 배에 싣고 가 진(晉)나라 혜제

---

1) 최운식, 심청전 관련 설화의 전승 양상과 성격, 교육행정, vol 23,No.4, 2007.

왕에게 바치게 된다. 혜제왕은 황후가 마침 죽고, 꿈에 새 황후가 될 여인이 동국에 있다는 꿈을 꾸고는 우연히 홍장을 만난 것이었다. 황후가 된 홍장은 성덕산에 관음사라는 절을 짓고 아버지를 모셨는데 아버지가 눈을 뜨고 95세까지 살다가 죽었다는 게 관음사 연기설화의 줄거리이다.

공양미 삼백석에 남경 상인에게 팔려 옥과를 떠난 심청은 섬진강을 따라 승주(현재 순천시) 낙안포에 이른 다음 남해의 금일도에서 대형 상선으로 갈아탄 후 부안의 소래포(현재 내소사 앞 포구)를 거쳐 서해로 나가 위도 부근의 임수도에 몸을 던진 것으로 추정한다.

곡성처녀 홍장은 중국 저우산군도 심가문진에서 국제교역을 하던 심국공에게 팔려가 심가문진에서 생활하다가 심국공이 죽게되자, 관음의 성지인 보타락가산 수정궁에 들어가 생애를 마쳤다고 한다. 현재 중국 저우산군도 보타도에 '심씨마을', '심씨항구' 등이 존재하며, 현지인들은 이곳의 뱃길을 '심수로'로, 주변 해역을 '연화바다'로 부르고 있다.

곡성에서는 관음사 연기설화를 중심으로 심청축제를 개최하고 심청 생가를 복원하였다. 곡성군 오곡면 송정마을이 홍장의 고향이라고 한다. 송정마을은 옛날부터 야철장으로 유명한 지역 중의 하나이다. 백령도는 심청을 전설이나 설화라고 이야기 하는 반면, 곡성군은 홍장과 원량을 곡성의 실존 인물로 묘사하고 사료적 근거로 생가를 복원하였다.[2]

---

2) 연세대학교사회발전연구소. 효녀심청의 역사적 국문학적 고증. 2000.

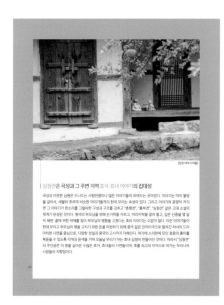

심청전은 곡성과 그 주변 지역 효자 효녀 이야기의 집대성

곡성의 미운한 남원은 드나드는 사람만큼이나 많은 이야기들이 모여드는 곳이었다. 이야기는 마치 물방울 같아서, 세월이 흐르고 비슷한 이야기들끼리 한데 모이는 속성이 있다. 그리고 이야기의 분량이 커지면 그 이야기가 판소리를 그럴싸한 구성과 구조를 갖추고 '춘향전', '흥부전', '심청전' 같은 고대 소설의 체계가 완성된 것이다. 병에 걸린 부모님을 위해 손가락을 자르고, 머리카락을 잘라 팔고, 같은 산중을 몇 날 며칠 헤맨 끝에 약재를 찾아 부모님의 병환을 고친다는 효의 이야기는 수없이 있다. 이런 이야기들이 한데 모이고 부모님의 병을 고치기 위한 돈을 마련하기 위해 용궁 같은 안라라국을 날려간 자녀의 드라마틱한 사연을 중심으로 다양한 전설과 중국의 고사까지 더해졌다. 여기에 소리꾼의 모임 청의 효능를 복돋울 수 있도록 각색과 윤색을 거쳐 오늘날 우리가 아는 효녀 심청이 만들어진 것이다. '심청전'의 주인공은 이 땅을 살아온 수많은 효자, 효녀들의 사연들이 모여, 효를 최고의 미덕으로 여기는 우리나라 사람들의 지향점이다.

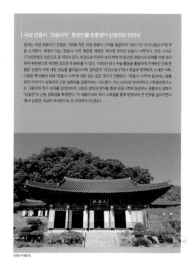

심청은 곡성의 실존 인물

'관음사사적'에 등장하는 원홍장 이야기

자료: 곡성군청, 당신에게 들려주고 싶은 곡성이야기, 2018.

그렇다면 지금부터 약 1000년~1200년 전 동력선이 없었던 시절 어떻게 닝보에서 우리나라 먼 거리까지 항해가 가능했을까?

윤명철교수에 의하면 삼국시대와 통일신라·고려 시대 중국과 우리나라의 해상 교류는 크게 3가지 방향으로 나누어져 있다.[3]

중국 항로로 백령도~산둥반도의 위해에 도달하는 황해 횡단항로, 황해남부 사단항로, 명주(明州)−청해진 부근 동중국해 사단항로(斜斷航路)로 구분할 수 있다.

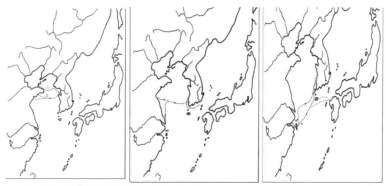

그림: 윤명철, 신라시대 해양 활동연구, 國史館論叢第 91輯, 2000.

서울, 강화도, 연평도, 강령 반도, 대청도, 소청도를 통해서 중국 위해 산동 반도로 넘어가는 항로를 황해 횡단 항로라고 한다. 황해남부 사단항로는 중국 상해와 연운항을 가는 항로이다. 상해의 남쪽에 있는 중국 닝보(옛지명 명주, 영파)에서 대만을 거쳐 한반도로 가는 항로를 동중국해 사단항로(斜斷航路)라고 한다.

---

3) 윤명철, 신라하대의 해양활동연구−해양환경 및 대외항로를 중심으로, 국사관논총, 제19호, 2000.

1126년 북송이 여진족의 금나라에게 멸망당하자 남쪽 양자강 이남의 땅 임안(현재의 항저우)으로 천도하여 남송이라고 불렀다. 항저우는 해안근처가 아니라서 주변 닝보를 무역항, 특히 도자기 수출 항구로 개발했는데 도자기 루트 중의 하나로 유명하였다. 중국에서 생산된 도자기를 육로를 통해 유럽까지 운반할 경우, 도자기가 무거워 운송이 어려운데다 도자기가 깨지는 문제가 발생한다. 닝보에서 배를 타고 이슬람인들에게 도자기를 넘겨주는게 훨씬 효율적인데 닝보항은 도자기 루트의 기착지여서 중요한 무역항 중의 하나가 되었다.

닝보에서 우리나라의 항해는 동중국해 사단항로(斜斷航路)를 이용했을 터인데 그 먼 거리의 항해가 가능했던 이유는 무엇인가? [4]

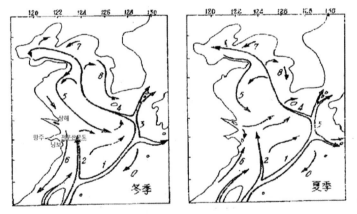

1. 쿠로시오해류 2. 타이완난류 3. 쓰시마난류 4. 황해난류
5. 황해연안류 6. 동해연안류 7. 요남(遼南)연안류 8. 서북한연안류
동중국해 환류(還流)시스템[39]

---

4) 김인희, 여송시대 해상교류에 있어 닝보항과 저우산군도의 관계, 도서문화, 제42집, 2013.

정답은 해류에서 찾을 수 있다. 해류는 바다의 물이 흘러가는 것을 말하는데 쿠로시오 해류(1번)와 일본까지 흘러들어 가는 대만 난류(2번), 그리고 쓰시마 난류(3번) 등이 항해에 활용된다. 대만 난류, 쓰시마 난류를 거쳐 황해 난류(4번)를 이용하면 우리나라 황해쪽으로 흘러서 우리나라에 도착하게 된다.

닝보는 바로 앞의 연안류(6번)로 인하여 배를 타고 나갈 수가 없어, 닝보 바로 앞의 작은 섬 저우산군도를 개발했는데, 대만 난류(2번) 쓰시마 난류(3번)를 타다가 황해 난류(4번)를 타면 우리나라에 도착하게 된다. 고려시대에는 닝보에서 청해진을 거쳐서 변산반도를 통해 수도 개성까지 도달했다고 한다.

동력선이 없었던 시절인 1,000년~1,200년 전 바다의 흐름을 전부 다 감지하면서 한반도와 중국이 교류를 할 수 있었던 것이다.

실제 닝보의 저우산군도에는 심청각이 만들어져 있고 심씨 일가가 살고 있고 있다고 한다. 2006년 매일신문 자료를 보면 원래 심청은 중국에서 왔다고 하며 심청전을 원형설화가 아닌 전래설화라고 주장한다.

심청전은 백령도를 중심으로 한 배경설화로 알려져 있지만 전남 곡성에선 실존인물이라고 한다. 나아가 중국의 닝보에서 온 전래설화라는 주장도 있다.

백령도 심청전 기원설을 너무 당연하게 받아들여서일까. 이처럼 심청전의 뿌리를 놓고 주장이 엇갈리는데 정작 우리는 그동안 심청에 대해 무관심하지 않았나 싶다. 이제라도 백령도를 중심으로 하는 심청설화의 중요성을 인식, 백령도와 심청의 연결고리를 부각시킬 필요가 있다. 한편으로는 백령도의 특산물들을 심청 브랜드로 변경하면 어떨까 생각해본다. 또한 대청도, 백령도에서 산둥 반도로 이어지는 황해 횡단 항로에 대한 연구가 필요하다.

지금 백령도에 공항이 들어선다고 하며 타당성에 대한 연구가 진행되고 있다. 개인적으로는 백령도 공항 명칭을 '백령도 심청 공항'으로 명명하면 좋을 것 같다.

백령도 관광

백령도에 명물 중의 하나로 콩돌 해안이 있다. 파도가 세게 돌을 치다보니 돌이 콩처럼 이쁘게 만들어져 콩돌 해안이라 한다. 콩돌해안은 천연기념물 제 392호로 지정되었다. 해안가에 천연 비행장이 있으며 최근 이 근처에 백령도 비행장을 만든다고 타당성 조사를 하고 있다. 두무진은 국가명승 제8호로 지 정되었다.

콩돌사진

심청상 　　　　　　두무진(명승 8호)

사진제공:문경숙

7

사라진 전설 민어

사라진 전설 민어

자료: https://www.nifs.go.kr/frcenter/species/?_p=species_view&mf_tax_id=MF0003239

민어는 농어목 민어과 바닷물고기로 조선시대 문헌에 따르면 원래는 한자어로 석수어(石首魚)라 하고, 그 중에서 큰 것을 면어(鮸魚)라 불렸는데, 백성들은 면어를 '민어'라고 불렀다고 한다. '면'과 '민'이 소리가 비슷하므로 한자어 명칭이 잘못 전파되어 정착한 듯하다.[1]

민어는 주로 서해에 서식한다. 산란기는 7월에서 10월까지며 남해에서는 7~8월, 서해에서는 9~10월에 번식해 알을 낳는다. 참조기처럼 민어 또한 부레를 이용하여 마치 개구리처럼 '부욱 부욱' 하는 울음소리를 낼 수 있다. 민어는 제주도 근해에 있다가 산란기가 되면 서해 쪽으로 올라오는데 보통 6월에서 8월 사이에 민어조업을 한다. 몰려다니면서 무리를 이루는데 바다속에 굵은 봉을 꽂고 귀를 대보면 산란을 앞둔 민어 무리가 근처에 있을 경우 마치 개구리나 두꺼비가 우는 듯한 소리가 들린다고 한다.

---

1) 나무위키

민어는 백성 민(民)자를 쓸 정도로 예로부터 백성의 사랑을 받아온 물고기이다. 민어는 버릴 것이 하나도 없는 물고기이다. 제사상에는 숭어와 함께 길게 자리를 차지한다. 양념을 발라 구운 민어는 맛이 담백하고 감미롭다. 민어회는 살이 희고 고소하여 단맛이 돈다. 민어는 얼큰하게 찌개를 끓여도 맛이 좋고 시원하게 말간 국을 끓여도 담백한 맛이 돈다. 민어살을 떠서 말린 민어를 설탕·간장에 담궜다가 그늘에 말려 술안주로 쓰면 비할 것이 없다.

민어알은 설탕·간장에 담궈 그늘에 말려 술안주로 쓰는데 쫄깃쫄깃하게 씹히고 혀에 닿으면 스스로 녹아 그 맛으로 술꾼들은 말술을 마실 정도다. 민어의 부레는 가구제작에 쓰이는 풀을 만들기도 한다. 민어 미역국은 산모의 젖을 샘솟게 하기도 하며 삼복더위에 복달임으로 이만한 보신탕이 없다.[2]

민어는 지역에 따라 부르는 이름이 각각인데 서울과 인천에서는 네 뼘 이상을 '민어', 세 뼘 이상은 '상민어', 세 뼘 내외를 '어스레기', 두 뼘은 '가리', 그 미만은 '보굴치'라 했다.

우리나라 민어어장은 완도, 진도, 칠산, 격음열도, 인천, 진남포, 연평도 주변, 압록강 등이고 이중에서 태이도, 금강입구, 군산근해 및 압록강이 유명했다고 한다.[3]

---

2) 월간 샘터, 1990년 9월.
3) 한국수산지, 한국수산지 제1권, 1910년.

1. 덕적도, 굴업도 민어이야기

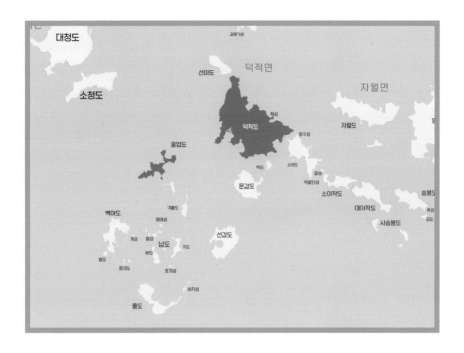

덕적도는 인천에서 남서쪽으로 약 82㎞ 떨어져 있으며, 서해안 연안도서의 교통·행정 중심지 역할을 한다. 2021년 3월 현재 주민등록상 인구는 덕적도 1,315명, 굴업도 26명, 소야도 271명, 백아도 50명, 지도 33명, 울도 73명이다.

행정구역상 덕적면은 덕적도, 굴업도, 소야도, 백아도, 지도, 울도로 이루어져 있다. 덕적군도(德積群島)에서 가장 큰 섬인 덕적도에는 한국전쟁 직후 가장 많은 1만2천788명의 주민이 살았다. 전쟁이 끝난 1954년 덕적도에는 피난민(6,749명)이 원주민(6,039명) 보다 많았다. 이들 피난민은 1.4후퇴 전후로 피난 온 황해도 출신이 대부분이었다. 피난민은 북리가 1,009명으로 가장 많고, 진리1구 886명, 진리2구 713명, 서포1구 765명, 서포2구 187명 순으로 나타났다. 피난민 중에서 약 81%가 무직으로 무척 어려운 생활을 한 것으로 보인다.

덕적도는 어업전지기지로, 중선 이상 배로 북으로는 평안북도 의주앞바다까지, 서쪽으로는 대연항로에 따라 황해일대에, 남으로는 전라도 칠산까지 출어를 했다. 덕적도 고기잡이는 3월에 시작해서 3월~4월 중순경은 연평도를 중심으로 하는 '조기잡이', 5월~7월은 '민어잡이', 7월 한 달은 육젓용 '새우잡이', 9월~10월은 추젓용 '새우잡이', 11월은 '숭어잡이'를 한다.[4]

덕적도 서포리해수욕장은 1957년 개장했고 1977년 3월 서해안 국민관광지로 지정됐다.

서포리 해수욕장

굴업도는 조기어장으로 유명했을 뿐만 아니라 1916년 안간망을 이용한 민어어장을 개척한 후 '민어파시'가 형성되어 1920년대 조기와 민어의 주요 어장이었다. 성어기인 매월 7월~8월경이 되면 어선이 300척 이상이 몰려 대성황

---

4) 국립중앙박물관, 서해도서조사보고, 1957.

을 이루었다.

　그러나 1923년 8월 굴업도에 큰 태풍이 왔다. 당시 동아일보(1923년 8월 16일) 보도에 따르면 "큰 태풍이 덮쳐 선박파괴 이백 여척, 바람에 날린 가옥이 1백30호, 행방불명이 2천200명으로 대 참사를 기록하였다"고 전해진다. 굴업도 참사로 민어파시는 철시되고, 1927년 근거지를 덕적도 북리로 옮겨야 했다.

　"옛날 어른들 말씀에 의하면 옛날포구 선착장 주변을 중심으로 오른쪽에 민가와 술집 등이 있었고, 여름에는 주재관이 파견됐어. 그것도 모자라서 왼쪽에도 건물들이 있었다고 하지. 지금도 모래 사구를 파 보면 집터(구들장)가 나오지. 1923년 8월 민어파시 기간 중에 폭풍으로 배가 전부 파괴되고 어부들도 많이 실종되고 가옥들도 전부 파괴되었지. 그 후 덕적도 북리로 옮겨갔으나 한동안은 굴업도에서 민어를 많이 잡았다고 해." (고 이장용 덕적면장)

굴업도 목기미 해변 주변 집터

1931년 8월 18일부터 25일까지 내린 폭우에 어민 55여명이 사망하자 덕적도에서는 축항개발운동이 일었다. 이 때문에 1937년 북리 축항 개발이 본격적으로 시작돼 1940년 선미도에 등대가 들어섰지만, 한국전쟁 등 우여곡절 끝에 북리항은 35년 만인 1973년에나 축항 공사를 끝낼 수 있었다.

약 400년 전 임진왜란 전후에 충남 서산에서 덕적도로 이주한 은진 송씨 후손인 송은호 어르신에 따르면 연평도 조기잡이가 5월말 경 끝나면 용매도(북한지역) 근방의 새우잡이가 시작되고, 8월 초순경부터 덕적, 굴업, 백아도 근방에서 조기, 민어잡이를 시작했다고 한다.

"60년대 5·16이후 개발정책으로 어업에 대해 자금융자와 면허를 많이 내주었지. 덕적도에서는 3명이 배를 건조했는데 우리집은 선미호(18톤급)를 건조하여 70년 중반까지 운항했지. 선미도, 울도, 굴업도, 백아도 근처가 주 어장이지. 60년대 당시 나일론으로 만든 일본 어망이 수입되고 몇 십 배 이상의 고기를 잡아 올린거야. 최고의 전성기를 누렸지. 특히 덕적도나 백아도·주문도 근처에서 대형 민어들을 주로 잡았는데 몇 년 잡으니까 멸종되고 말았지. (덕적도 송은호)

실제 1952년부터 1972년까지 우리나라 민어 어획량을 보면 1960대에 어획량이 크게 증가했다. 1958년 1,527톤에서 1964년 4,174톤으로 최고를 기록한 후 감소하기 시작하여 1971년 967톤으로 1964년 대비 77%가 감소했다. 1958년 민어 전체 어획고는 1,527톤에 달했으며, 이중 인천에서 650톤이 잡혀 국내 전체 어획량의 42.6%를 차지했다. 민어는 조기와 함께 서해안의 대표어종이었다.

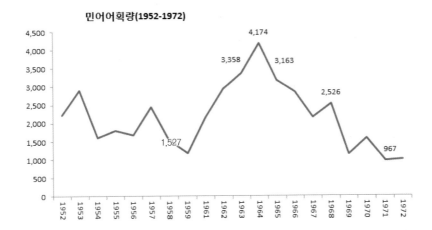

민어어획량(1952-1972)

자료: 수산청, 통계청

1968년 연평도에 어로한계선이 확대되자 서해어로지도본부가 연평도에서 북리로 옮겨왔다. 덕적도 사람들은 과거 민어파시의 영광을 기대했으나 오래 가지 못했다.

"국내에서 어종이 고갈되자 1970년대 초 48시간 이상 배를 타고 동중국해 (양쯔 강 하류)까지 진출하여 갈치, 병어, 갑오징어를 주로 잡았지. 그 당시 중국 어업 기술은 우리보다 못했지. 그런데 우리 어선들이 중국 그물을 끊어 와서 만석부두(연안부두가 개발되기 전 부두)에 자랑하듯이 전시 하곤 했어." (덕적도 송은호)

1970년대 이후 동중국해 진출과 원양어선의 발달로 인하여 원양 어선으로 잡은 민어가 증가한다. 인천의 민어 어획량은 1981년 242톤, 1985년 109톤에 이어 1990년 중반부터 급격하게 감소하여 2012년에는 겨우 12 톤을 기록한다.

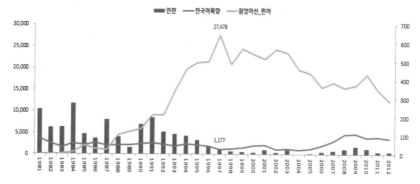

자료:통계청

굴업도와 덕적도 민어 파시는 사라진지 오래고, 1980년 이후 북리 사람들이 대부분 인천으로 이주하면서 현재 북리항은 한적한 포구가 되었다.

인천 앞바다에서 살고 있는 어르신들의 가장 큰 추억 중 하나가 민어에 대한 이야기이다.

어르신들의 이야깃거리로만 존재하는 추억의 물고기 민어. 어르신들의 민어가 다시 부활할 수 있을까?

전남은 우리나라 민어 생산량의 66%를 차지하고 있다. 자료에서 붉은색은 전남 민어 어획고이고, 파란색은 인천 민어 어획고 이다.

1995년을 기점으로 전남의 민어 어획량이 증가하기 시작한다. 전남의 경우 1995년 지방자치체 실시 이후 민어 종묘 사업을 통해 민어를 양식한 결과로 보인다. 그리고 2004년부터 민어 종묘 사업이 크게 성공을 거두어 어획고가 증가하자 해수부는 종묘사업을 권장하는 한편 지침서도 발간하고 있다.

민어와 조기가 인천의 대표 어종이었던 점을 인식, 민관이 합심해 옛날의 명성을 다시 찾는 방안을 강구할 필요가 있다. 성공사례로 평가받는 전남 민어 종묘 사업에 대한 벤치마킹도 한 방안이 될 수 있을 것이다.

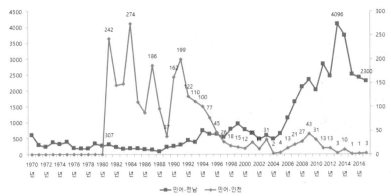

자료:통계청

2. 맛좋은 굴업도 땅콩

굴업도 과거 선착장

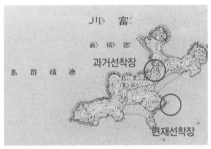

굴업도 과거 선착장 위치

　국립중앙박물관(1957) 자료에 의하면, 굴업도의 현재 세대수는 원주민 6가구에 피난민 9가구 총 15가구가 전부다. 피난민들은 일정한 생계도 없는 구호대상자들이며 가옥도 비와 이슬을 간신히 막아낼 정도다. 원주민들의 주업은 어업이지만 원주민들이 소유한 배는 소형 낚싯배가 두 척 있을 뿐, 대부분 어업노동자로 품팔이 신세다. 농업 여건을 보면, 산록(山麓)과 평지 모래사장에 밭이 좀 있으나 미미하다. 다만 이 섬은 방목지(放牧地)로 유명해 일제강점기 말기 많게는 97두의 소가 있었다. 현재는 약 20두 정도가 남아 있다. 보기에도 굴업도는 덕적군도 중에서 가장 가난한 섬이다.

굴업도는 현재 백패킹으로 잘 알려져 있으나 과거에는 민어파시와 땅콩으로 유명한 섬이었다. 1972년 내무부 자료를 보면 당시 1인당 땅콩 생산량은 덕적도 4.1kg, 소야도 5.0kg, 문갑도 9.8kg, 백아도 7.4kg, 울도 6.1kg, 승봉도 9.0kg인데 반해서 굴업도는 167kg으로 월등히 많은 것을 알 수 있다.

또한 섬 면적 대비 두류(씨를 식용하는 콩과의 식물)생산량도 굴업도는 7.1톤으로 덕적도 1.0톤, 소야도 3.8톤, 승봉도 1.1톤 등 다른 섬보다 훨씬 많았다.

과거 땅콩을 심었던 밭

다음은 1971년 굴업도 들어가 14년간 땅콩농사를 지은 고 김광배씨의 전언이다.

"당시 땅콩 가격은 쌀의 2.5배로 비싼 편이었지. 대략 가구당 평균 15가마를 생산하고 20가구가 살았으니 굴업도에서 1년에 한 200~300가마 정도 생산한 것 같아. 수확한 땅콩은 직접 팔거나, 덕적도로 가지고 나와 최분도 신부님 소개로 천주교회를 통해서 팔았지." (덕적도 고 김광배)

경향신문(1987년 7월 1일자)에도 "굴업도에서 생산되는 땅콩은 연평균 1백 50가마 정도이고, 고소한 맛이 뛰어나서 지난해에도 가마당 17만원씩 팔아 2천5백만 원의 소득을 올렸다. 그리고 사람들이 고기 먹고 싶을 때 마을사람들끼리 모여 돼지 1마리를 잡고 값은 가을 땅콩 수확 후 현물로 계산한다"고 보도하고 있다. 그러나 1981년 등장한 전두환 정권은 미국의 수입개방 요구에 따라 공산품과 농산물을 개방하였다. 땅콩의 대체품목인 아몬드 수입이 1985년 3백45톤 에서 1986년 6백21톤으로 크게 늘어났다. 아몬드 수입이 큰 폭으로 증가하면서 땅콩의 영역을 잠식한 것이다. 사람들이 땅콩보다는 아몬드를 선호하면서 자연스레 땅콩 소비도 줄었다.

동아일보(1988년 11월 26일자) 기사를 보면 "올해 땅콩수매 정량은 모두 2천9백17톤으로 전체 생산량의 28%에 지나지 않아 농민들은 최소 5천6백 톤은 수매해야 한다고 주장하고 있다. 농민들은 정부가 지난봄 땅콩수매 예시 가격고시와 함께 생산자금 12억 3천만원을 전량 수매하겠다고 발표해 놓고 생산량의 28% 수매에 그치는 것은 농민들을 기만한 행위라고 반발하고 있다"고 보도했다.

농산물 수입개방에 따라 땅콩 수입이 증가되고 대체품인 아몬드 또한 대량 수입되자 땅콩가격은 하락할 수밖에 없었다. 게다가 정부의 땅콩 수매가 감소하자 사람들은 땅콩농사를 포기하였다. 그 결과인지는 몰라도 굴업도 땅콩은 더 이상 구경하기 어려워졌다. 이후 정부는 소득증대사업으로 염소를 사주고 연평산, 덕물산 마을근처에 염소입식 사업을 전개하기도 했다.

"당시 굴업도에서는 땅콩 말고도 소도 많이 키웠지. 한집에 보통 2마리 정도로 전체 60~70마리 정도였어지. 새우 철이 되면 굴업도 앞바다에는 어선 300~400척 정도가 와서 장관을 이뤘지. 풍랑이 일면 어선들이 굴업도로 피항을 왔어. 그리고 미나리와 더덕, 취나물, 둥굴레도 많았어. 1987~8년에 땅콩 값이 크게 하락하자 사람들이 굴업도를 떠나는 바람에 나도 나왔지"(덕적도 고 김광배)

덕적도 특산물

현재, 덕적도 진리에는 덕적도 단호박 작목반이 기른 단호박을 이용한 식혜와 과자류를 파는 호박회관이 있다. 올해 부터는 단호박을 이용한 단호박 맥주를 판매할 예정이라고 한다. 북리에서는 마을기업이자 사회적기업인 으름실 마을공동체에서 생산한 절임류(머위, 명이나무, 벙구나물) 및 표고버섯을 판매하고 있다.

덕적도 호박회관

덕적도 작목반들이 단호박 연구회를 만들어 단호박 제품을 판매하고 있는 호박회관.

으름실마을 공동체

덕적도 북리에서 채취한 산나물(명이, 머위, 엄나무, 눈개승마)을 절여 장아찌로 판매하고 있다. 자연상태로 기른 표고버섯도 판매한다. 마을기업이자 인증사회적기업이다.

으름실 마을 표고 목

절임류 장아찌

8

최분도 신부와 마을공동체

최분도 신부와 마을공동체[1]

덕적도 서포리

요즘 마을공동체 운동이 활발하게 진행되고 있다. 마을공동체란 '마을을 지역 범위로 설정하고 성원들이 소속감을 가지며 그 집단 내에서 공동목적을 위하여 자발적으로 참여하는 성원들로 구성된 집단'이라고 정의할 수 있다.

마을공동체 구축과정과 마을지도자들은 지역현안에 어떻게 대처해야 하는지를 옹진군 덕적도 최분도(본명·Benedick Zweber)신부 사례를 통해 알아보자.

최분도 신부는 1959년 9월 메리놀 외방선교회 사제로 미국에서 무역선을 타고 한국에 왔다. 당시 40일 걸려 부산에 도착했다고 한다. 최분도 신부 집안

---

1) 당신이 몰랐던 인천 섬 이야기(2016) 글

은 이전에도 한국과 각별한 인연이 있었다. 미 8군에 복무하던 최 신부의 둘째 형은 서울 명수대성당 건립에 도움을 주었다. 그리고 1956년 8월 여름 한강급류에 휩쓸려 떠내려가는 두 소년을 구하고 목숨을 잃은 것으로 알려져 있다.

최분도 신부는 1960년 답동과 송림동, 백령도 본당 보좌신부를 역임하고, 1962년 연평도 본당 주임신부로 부임해 서해도서 22개 공소를 관할했다.

최분도 신부를 30년 가량 모신 고 서재송 어르신은 그를 이렇게 기억하고 있었다.

최분도 신부

"1961년에 덕적도 공소 사무장이면서 면사무소에 근무했어. 당시 둥근 아치형 모양으로 성당을 공사 중인데 하루는 아침에 성당에 가보니 키가 작고 얼굴이 하얀 젊은 신부가 있더라구. 그날 최 신부님을 처음 뵈었지. 그는 성당을 이렇게 지으면 안 된다며 주변 환경을 고려해 줄 것을 인부들에게 당부했었지. 그러나 전임 신부님이 시작하신 일이라 성당은 그대로 완공됐어. 그 이후 나에게 같이 일하자고 말씀하셨어. 그러나 나는 6개월 동안 대답 안 했지. 어느 날은 내가 면사무소에 출근해서 보니 신부님이 면장에게 같이 일하게 해달라고 하시더라고. 면장은 당사자끼리 이야기하라고 했지. 그래서 그 이후부터 면사

무소를 그만두고 신부님을 모셨어." (덕적도 고 서재송)

최분도 신부는 1964년 서해낙도에 질병으로 고통 받는 환자들을 위해 낡은 미군 함정을 구입해서 병원선으로 개조하고 환자를 진료했다. 이 병원선의 이름은 '바다의 별'로, 최분도 신부가 지었다. 병원선에서는 의사1명과 남자 간호사1명이 근무했다. 병원선 '바다의 별'은 X선 촬영은 물론 간단한 외과수술 시설까지 갖춘 한국 최초의 수상병원이었다.

"처음에는 덕적에서 연평도까지 통화가 가능한 무전기가 있었지. 그걸 켜놓고 급한 환자가 있으면 연평에 연락해서 진료를 받곤 했어. 연평에서 덕적도 주변 섬과 심지어 울도까지 갔다 오곤 했어. 그런데 병원선만 가지고는 수술을 하기가 어렵고, 중환자를 싣고 인천까지 후송하기 어려워 1966년 12월 14일에 덕적성당 옆에 '복자 유베드로 병원'을 개설했지. 병원에는 외과, 내과, 산부인과, X-선과가 있었어. 당시로서는 현대 의료기구와 약품들을 미국이나 서독에서 직접 들여와 국내에서도 가장 최신식이었던 것 같아. 의사들은 성모병원에서 파견되어 3개월에서 6개월 정도 있고는 했는데 병원에 오는 의사들이 제일 엘리트였어." (덕적도 고 서재송)

복자 유베드로병원

덕적성당

당시 제작한 사각모양 전신주

병원선 '바다의 별'은 덕적도 주변섬인 문갑도·백아도·울도 등을 돌면서 환자를 호송해 오는 업무를 맡았다. '복자 유 베드로 병원'에서는 입원과 치료를 담당했다. 그간 의료혜택을 받은 주민 수는 연인원 7만 명에 이른다고 한다. 낮은 문턱과 최신 진료시설로 인하여 주변 섬에서는 물론 전국 각지에서 환자들이 몰려들었다고 한다.

"30킬로 발전기로 병원과 사제관에서 전기를 사용하다보니 미안하거든. 신부님이 부산에 있는 미군레이더 기지에서 발전기를 구입했지. 새벽에 붕붕 하는 소리가 나서 나가보니까 배가 와서 떠 있더라고. 내려가 보니까 지금 같으면 포클레인이라도 있지만 그 때는 아무것도 없어 동네 사람들이 다 동원되어 줄을 가지고 당겨보니까 끊어졌어. 선장이 딱하다 싶었는지 큰 줄을 내주더라고. 그래서 남은 선은 밑에다 깔고, 배에서 준 팔레트를 밑에 놓고 발전기를 하루 종일 마을로 끌어 올렸지. 그렇게 발전기 2개를 구해 서포리에 처음 전기가 들어왔어.

그 당시 1960년대 중반인데 아마 도시보다 더 빨리 전기가 들어왔을 거야. 전기가 들어오니 너무 신기해하면서 자기네 집도 전기를 달라고 아우성이더라고. 그래서 서울 미아리근처 전신주를 생산하는 기업에 가서 물어보니 생산비 삼천 원에 운반비 삼천 원 달라고 해서, 우리가 스스로 철근과 시멘트를 구입해 사각 모양의 전신주를 만들었지. 현재도 그때 만든 전신주가 몇 개 남아있어."(덕적도 고 서재송)

"우선 서포리에서 출발하여 전신주를 매고 산을 넘어서 북리까지 전신주를 놓고 전기를 공급했지. 순차적으로 진리 등 덕적도 마을 전체에 전기를 공급했어. 해가 지면 발전기를 돌려서 12시까지 공급하고 중단했다가 새벽 5시부터 공급한 것으로 기억해. 그리고 전기 조합을 만들어 덕적면장이 조합장에 취임했지. 신부님이 면장을 조합장으로 추천한 이유는 면의 관심사가 돼서 덕적면에서 조합을 계속 운영할 수 있는 기반을 만들기 위해서였던것 같아. 신부님은 요즘 이야기처럼 민간 거버넌스를 통한 지속가능성을 염두에 두었지."(덕적도 고 서재송)

당시 1972년 내무부 자료를 보면 덕적도는 850호에 592kw의 전기가 민영발전으로 공급됐다고 기록되었다.

"1962년 가톨릭구제회 지원을 받아 바다의 제방을 막아 농경지로 사용하도록 하고 공사에 참여한 사람들에게 밀가루를 지급하였지. 밀가루를 그냥 지급하는 것 보다 노동의 중요성을 인식시키기 위해 공사에 참여 하도록 한 거야. 그 당시 밀가루로 막아도 제방이 완성된다고 할 정도로 밀가루가 많았어. 그렇지만 농지조성을 위한 서포2리 간척사업은 완성하지 못하고 나중에 국가에서 완공하였지." (덕적도 고 서재송)

서포2리 대규모 간척사업은 90%를 완성해 놓은 상태에서 1971년 정부에 이관됐다. 이 공사로 27만평의 농토가 확장되어 덕적도 주민 4개월분 식량을 증산시킬 수 있게 되었다고 한다. 실제로 일제 강점기 지도와 현재의 지도를 비교해 보면 얼마나 큰 간척사업 인지 알 수 있다.

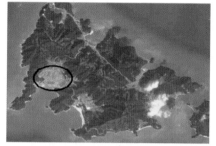

일제강점기　　　　　　　　　　　　　　　　　　최근 덕적도

"당시 집집마다 물 길어오는데 한두 시간씩 걸렸어. 겨울에는 큰 고생이었지. 농한기인 여름에 땅을 파고 파이프를 묻고 했지. 마침 서울교구 신학생들이 캠핑할 때였지. 그들이 파이프를 연결하고 운반해주어 많은 도움이 되었어. 상수도는 서포리만 설치하였지. 수도를 틀면 바로 물이 나와서 무척 편리했어.

신부님은 연평 및 덕적 사람을 선발하여 포자양식 기술을 배우도록 해 김(해태)양식을 시작했지. 서울대학교 해양학과 교수들을 초청해서 김 한 장에 얼마나 영양가치가 있는지를 분석하여 홍보자료로 사용했어. 그런데 그분들이 덕적 해변을 얼마나 돌아 다녔는지 주민들이 간첩신고를 할 정도였어."(덕적도 고 서재송)

1972년 덕적도 김 면적과 생산량은 다음과 같다.

섬	김(해태) 면적	김(해태) 생산량
덕적도	4.13ha	2,000속
소야도	0.64ha	2,000속
문갑도	0.8ha	–
백아도	1.62ha	1,000속

자료 : 내무부

최분도 신부는 도시의 노동자들도 보듬었다.

"1978년 동일방직 노동자들이 똥물테러를 당하고 공장에서 쫓겨나 갈 데가 없자 신부님이 송현동성당 2층 건물을 내어 주셨어. 그때 문정현 신부와 조화순 목사가 많이 도와주셨지"(덕적도 고 서재송)

이처럼 최분도 신부와 마을주민들은 신뢰와 협동을 통해 약 60년 전에 마을공동체를 만들어 실천하였다. 당시 덕적도 마을공동체의 구체적 실천 사례는 ▲협동경제 : 김양식, 둑을 막아 농경지 확보, ▲마을재생 : 상수도시설, 전기조합, 하천복개 공사, ▲주민복지 : 바다의 별 병원선, 복자 유베드로 병원 등이다.

최분도 신부가 전기조합 조합장에 덕적면장을 취임하게 하고, 서포2리 둑을 90% 완성해 놓고 정부에 이관한 것은 민관 거버넌스 실천 사례라 할 수 있다.

그 결과, 옹진군지(1989)에 의하면 덕적본당은 자월·이작·승봉·소야도·백아도·울도 등 주변의 많은 공소를 관할하였고 덕적도와 인근 섬주민의 45%가 천주교인 이었다고 한다. 실제로 옹진군의 천주교인 비율(덕적면 인구수/천주교인 수)을 보면 1960년 2%에서 1972년 22%로 증가한다. 그러나 1976년 최분도 신부는 송현동 성당으로 발령되어 덕적도를 떠난다.

최분도 신부는 1971년 6월 국민훈장 동백장을 수상하고, 그해 청와대를 방문하였다. 혹자는 이때의 덕적도 사례가 새마을운동에 동기를 부여하는 역할을 했다고 한다. 최분도 신부가 덕적도를 떠날 무렵 덕적도 주민들은 신부를 영원히 기리기 위해 공덕비를 세웠다. 지금도 공덕비는 서포리 해수욕장을 지키고 있다.

최분도 신부 공덕비 제막식

최분도 신부

＊최분도 신부 관련 사진은 고 서재송 어르신께서 제공 하셨다.

최분도 신부 약력

최분도 신부(Father Benedict A. Zweber M.M.)는 미국 미네소타 주의 뉴마켓이라는 작은 농촌마을에서 1932년 1월 7일 아버지 노벨 즈웨버(Mr. Novel Zweber)씨와 어머니 에블린 즈웨버(Mrs. Evelyn Zweber) 여사의 10남매중 다섯째(3남)로 출생했다.

1938. 9 ~ 1946. 8 : 성니고나오초등학교 졸업

1946. 9 ~ 1950. 6 : 나자렛고등학교 졸업

1950. 9 ~ 1954. 6 : 성바오로신학대학 철학과 졸업

1954. 9 ~ 1959. 6 : 뉴욕 메리놀신학대학 신학과 졸업

1959. 6. 13 : 사제서품 및 한국 파견 준비

1959. 9. : 메리놀 외방선교회 사제로 내한 (무역선 이용)

1960. : 답동, 송림동, 백령도본당 보좌신부

1962. 6. : 연평도본당 주임신부(서해도서 22개 공소관활)

1966. 4. 13 : 덕적본당 주임신부(인천교구 17번째 본당신설)

1976. 1. 8 : 송림동본당 임시보좌 (송현동본당 신설 준비)

1976. 10. 1 : 송현동본당 신설 주임신부

1982. 2. 16 : 부평3동본당 신설 주임신부

1986. 9. 20 : 산곡2동본당(현 산곡3동) 신설 주임신부

1990. 2. 15 : 미국메리놀선교회본부, 성소사목 활동

1997. : 러시아 카브로스키 성당 환원 추진

1998. : 사할린 한국동포 신자발굴, 성 야고보 성당건립

2001. 3. 26 : 미국 뉴욕 성녀 데레사 양로원에서 선종

9

굴업도 핵폐기장
반대투쟁이 남긴 교훈

굴업도 핵폐기장
반대투쟁이 남긴 교훈[1]

굴업도 엽서

인천핵대협이 제작한 우편엽서. 10만장을 제작하여 1장에 100원씩에 판매했다. 10만장이
다 팔려 추후 10만장을 더 인쇄했다.

굴업도에서 핵폐기장 반대 운동을 벌어진지 28년이 지났다. 1990년 안면도
와 1994년 양산 및 울진의 핵폐기장 반대 투쟁과는 다르게, 정부 공식 발표 전에
덕적주민 250명은 스스로 '덕적도 핵폐기장 반대투쟁위'를 구성했다. 2주 후
에 덕적도를 중심으로 소야도, 문갑도, 울도, 백아도 등 다른 도서의 주민들까
지 대거 참여했다.

다른 핵폐기장 반대 투쟁위와는 다르게 덕적도 주민들은 자발적으로 반대투
쟁위를 조직하고 나름 잘 짜여진 조직체계를 갖추었다. 마을별 동원체계가 탄
탄하고 주민들의 결집력도 컸다고 한다.

---

1) 당신이 몰랐던 인천 섬 이야기(2016) 글

이처럼 덕적도 주민들이 외부의 도움없이 자발적으로 참여 하게 된 동력은 무엇일까? 또 지도부는 어떻게 권위있는 지도력을 행사할 수 있었을까? 이를 알기위해 당시 덕적면 핵폐기장 반대투쟁위원회 허선규 사무국장과 이상길 서포교회 목사를 만나 인터뷰하고 박현희(1998) 논문2) 을 참고하였다.

1994년 11월 25일, 인천시의회에서 최용규 의원이 굴업도 핵폐기장 건설과 관련해 이영래 당시 인천시장에게 질의를 했다. 이에 대해 이영래 시장은 "중앙부처로부터 어떠한 사전협의나 통보를 받은 바 없다"고 밝혔다. 12월 3일 과학기술처가 조영장 국회의원에게 제출한 자료에도 정부는 굴업도를 핵폐기장 입지 선정 대상으로 검토한 바 없다고 했다.

그러나 그해 12월 15일 MBC 저녁뉴스에서 '굴업도가 핵폐기장 최종 후보지로 유력하다'고 보도됐다.

사진: 당시 MBC화면 캡처

---

2) 박현희, 한국의 정치적 기회구조와 정치적 항의-굴업도 핵폐기물 처리장 설치 반대항의를 중심으로-, 서울대학교 대학원, 석사논문, 1998.

보도가 나간 다음날인 16일, 옹진군청 직원과 기획단은 면사무소에서 덕적면 노인회 회원과 마을의 유지 그리고 새마을 지도자 등 약 20~30여명의 주민을 대상으로 설명회를 개최했다.

당시 설명회에서 주최측은 "지역개발을 위해 500억 원의 기금이 조성되어 있으며 이를 주민에게 줄 것이다", "정부가 조사해보니 굴업도는 핵폐기장 부지로 최적지다" 등의 내용으로 주민을 설득했다고 한다. 이어 17일, 환경운동연합 김혜정 국장과 일행이 덕적도를 방문하여 핵폐기장 건설에 대한 주민의 의견을 청취하고 핵의 위험성과 다른 지역의 경험 등 실상을 주민들에게 알려주었다. 그 자리에 허선규 사무국장과 이상길 목사도 같이 있었다.

면사무소에서 우연히 김 국장을 만난 허선규 씨(반대 투쟁위 사무국장)는 핵폐기장의 위험성을 깨닫고 서포1리 청년들로 조직을 구성, 마을을 돌아다니면서 핵폐기장 위험성을 알렸다.

"저도 뉴스 보고 처음 알았어요. 사실은 저도 핵에 대해 자세히 모르지만 핵에 대한 부정적인 시각을 늘 가지고 있었지요. 신앙인으로서 핵의 문제는 인류의 재앙이라는 생각을 가지고 있었어요. 그런데 그 당시 덕적도 주민들은 교회에 대한 이미지가 좋았어요. 우선 제가 감리교회 목사들을 불러 상황을 알리고 목사님들이 하나가 되고, 교우들 중심으로 뜻을 모으고, 나아가 교인이 아닌 사람들까지도 규합을 했어요. 그래서 다 모여서 같이 얘기를 나누고 조직을 구성하게 된 것이지요."(이상길 목사)

이날 저녁 56명이 모여 '굴업도 핵폐기장 결사반대 서포1리 투쟁위원회'를 구성하고 서명작업을 벌였다. 이어 서포2리에서 설명회가 있을 예정이었는데 갑자기 취소되었다.

"반대투쟁위원회 만들 때 제가 많이 관여를 했던 것 같아요. 마을에서 나이 많은 어르신과 존경받는 분들 중심으로 도움을 청했어요. 또 환경운동연합의 도움을 받았고 서포2리 유병수 목사도 적극 도왔지요."(이상길 목사)

18일, 환경련 조사팀과 서포1리 청년들은 서포2리, 북1리, 북2리, 진1리, 진2리 등을 돌며 주민을 상대로 노상설명회를 개최했다.

이날 덕적면사무소에서는 총리실 기획단과 반핵운동본부 양측이 주최한 설명회가 각각 열렸다. 주민 200여 명이 설명회장을 찾았지만 핵폐기장 예정지의 확정에 주민의 참여가 배제된 것과, 핵에 대한 정보 제공이 전혀 없었다는 점을 이유로 정부 측 설명회는 성토장이 됐다.

19일, 당시 굴업도에 거주하는 주민 9명은 모두 핵폐기장 유치를 찬성하는 건의서를 옹진군청에 제출했다. 정부는 핵폐기장 최종후보지로 굴업도와 경북 울진, 영일을 압축해 발표했다. 그중에서 주민 전체가 찬성 건의서를 낸 굴업도를 적지로 꼽았다. 주민 반대가 적고 지층이 암반층으로 이루어져 있어 핵폐기장 부지로 적합하다는 이유다. 그러나 덕적도 주민 250명은 면사무소에 모여 '덕적도 핵폐기장 반대투쟁위'를 구성하고, 서포1리 14명, 서포2리 5명, 진리1리 8명, 진리2리 7명, 북1리 7명, 북2리 5명, 소야도 5명 등 마을 대표 37명을 선출했다.

"반대투쟁위 운영을 위해 주민들이 자발적으로 돈을 거뒀어요. 교회에서도 큰 액수를 부담했지요. 그래도 가급적 교회가 나서는 것보다 주민들이 자발적으로 움직이게 했어요. 그래서 처음에는 핵폐기장 유치에 찬성하는 분들도 우리 조직에 참여했던 것으로 기억해요. 우리는 그분들도 껴안고 가자는 입장이었지요. 고 서재송 회장이 중심 역할을 해준 것 같아요. 나도 그분과 조직 운영과 관련해 모든 것을 논의했으니까. 지금 기억에는 천주교인들은 주민 숫자

보다 적었던 것 같아요. 천주교 사제단이 들어와 도와주기도 했지만 개신교 쪽에서 외부 활동을 많이 했지요. 언론도 통제된 상황이라 이들이 나서 핵폐기장 유치를 반대하는 이유를 설명하고 다녔지요."(이상길 목사)

20일, 옹진군수가 덕적면사무소를 찾아 주민들을 상대로 핵폐기장에 관한 설명을 하려하자, 주민들은 거세게 항의하며 군수를 쫓아냈다. 이어 주민 200여명은 집회를 갖고 5개 항목의 결의를 채택했다.

22일, 정부는 방사성폐기물 종합관리시설 부지로 굴업도를 확정 발표했다. 김시중 과학기술처 장관은 기자회견을 통해 "굴업도가 방사성 물질 흡착력이 뛰어난 응회암을 주암종으로 하고 있어 균열이 적은 단일암체로 형성되는 등 다른 지역에 비해 우수한 지질적 부지조건을 갖추고 있다"며 최종후보지로 선정한 이유를 설명했다.

김 장관이 최종후보지를 발표하는 그 시각, 전국에서 차출해 온 전투경찰 1,500명으로 구성된 '인천경비단'이 창설됐다. 총경급 경찰관을 단장으로 하는 인천경비단은 창설식을 끝내고 곧바로 250명의 경찰병력을 덕적도에 급파했다. 이들이 해양경찰 경비정 2척에 나눠타고 덕적도 진리포구에 진입하자 주민들은 어선으로 막고 부두에 인간띠로 바리케이트를 쳤다. 경찰병력은 결국 우회해 인근 포구를 통해 마을에 진입했다.

23일, 덕적본도와 소야도, 문갑도, 백아도, 울도 등의 9개 교회에서 모인 300여명의 신자들은 진리중앙교회에서 '굴업도핵폐기장 반대를 위한 연합예배 및 주민결의대회'를 가졌다. 핵폐기물 유치 반대 추진위원회(위원장 박진호 장로)의 결의 대회를 마친 주민들은 꽃상여를 앞세우고 진리 마을회관까지 약 1km 구간에서 평화행진을 벌였다.

"각 교회 목사님과 신자들이 하나로 뭉치니 제법 힘을 발휘할 수 있겠더라고

요. 주민들도 일사분란하게 움직여 줬어요. 새벽기도회를 통해서 매일 기도를 드리니까 그것 자체가 홍보가 되었지요. 사실 초창기에는 믿음으로 싸웠지요. '핵은 하나님께 도전하는 것이다', '핵에 관한 문제는 하나님 소관이다'라고 생각했으니까요." (이상길 목사)

24일, 덕적면 반대투쟁위원회 주민 350여명은 면사무소에서 대규모 항의 집회를 가졌다. 오전 11시께 주민 대표 30여명은 인천으로 나와 옹진군청을 방문, 주민 476명의 서명이 담긴 서명용지를 군수에게 전달할 계획이었다. 하지만 인천 연안부두에서부터 완전 무장한 전투경찰에 막혀 꼼짝도 할 수 없었다. 옹진군은 주민 대표 몇몇만 군수와의 면담을 주선했지만 이들은 환경단체와 기자가 함께 동석할 수 있게 해달라며 군청 앞 인도를 점거하고 시위를 벌였다. 경찰은 이들 대표와 환경단체 회원, 학생들을 불법집회 혐의로 연행했다. 당시 경찰에 연행된 인원만 13명(주민 6명, 학생 6명, 목사 1명 등)에 달했다. 나머지 대표와 주민들은 연행자 석방을 요구하며 시위를 계속 이어갔다.

26일, 덕적주민 300여명은 인천 연안부두에 모여 집회를 갖고 오후 2시 40분께 옹진군청까지 행진을 시도했다. 가두 행진을 가로막는 인천경비단 소속 경찰관과 몸싸움을 벌여 주민 4명이 부상을 당해 인근 병원으로 이송됐다. 오후 2시 50분, 차량으로 이동해 옹진군청으로 향하던 주민 200여명은 경찰병력에 포위됐다. 이 과정에서 경찰에 항의하던 주민 10여명이 부상을 당했다.

27일, 공보처 주최로 서울 프레스센터에서 '원자력 폐기물 관리시설 건설에 관한 공개 토론회'가 개최됐다. 덕적도 주민 250여 명은 이날 토론회에 참석해 끝까지 방청하고 토론회가 끝난 후 명동성당까지 도보로 행진을 하고, 철야 농성에 들어갔다.

핵폐기장 반태 투쟁, 사진제공 : 김성복 목사

28일, 덕적주민들은 서울탑골 공원 등지에서 항의 집회를 가졌다. 덕적도 주민 및 반핵운동본부 회원 400여명은 집회 후 명동성당까지 가두시위를 벌였다.

해를 넘겨 1995년 1월 3일, 덕적도 6개리 대표들은 면사무소 회의실에 모여 원로 5인을 공동대표로 하는 '굴업도 핵폐기물 처리장 건설 반대 투쟁위원회'를 결성하고 수석대표로 송은호씨를 선출했다.

1월 4일, 울도 주민 30여 명 중 18명과 백아도 주민 30여 명 중 15명, 진리 주민 200여 중 90명이 참석한 주민설명회가 북리에서 개최됐다. 핵폐기물 처리장 건설 반대 움직임은 이미 굴업도를 제외한 전 지역으로 확산되는 분위기였다.

1월 8일, 핵폐기물 처리장 건설 반대 덕적 주민 출정식 및 단합대회가 덕적 면사무소 앞에서 주민 200여 명이 참가한 가운데 열렸다.

덕적주민 집회, 사진제공 : 김성복 목사

1월 12일, 덕적도 주민 등 300여 명은 동인천역 광장에서 집회를 갖고 답동 가톨릭 회관까지 가두시위를 전개했다. 13일, 정부중앙청사와 옹진군청 시위 후 반대투쟁위 소속 김계월 여사가 사망했다. 15일, 답동 가톨릭회관에서 옹진군청까지 '故 김계월 여사 사인규명 및 폭력 경찰 규탄집회'와 항의 시위가 벌어졌다. 이날 반대투쟁위 총무부장 장석찬 씨가 구속됐다. 19일, 덕적면 발전 추진위원회가 결성돼 핵폐기물 처리장 유치 찬성 쪽 주민 40여 명이 대덕연구단지 시찰 행사에 참석했다.

1월 24일, 인천지역 각계 인사와 덕적주민 등 800여 명이 참석한 가운데 '인천앞바다 핵폐기장 대책 범시협의회' 결성 대회가 열렸다.

"당시 덕적도는 감리교가 60~70% 이상을 차지했어요. 교회에서 행사를 하면 마을 이장들은 교회를 다니지 않아도 후원도 해주고 적극적으로 도와주어 마을과 아주 관계가 좋았어요. 예컨대 서포2리 교회(제일교회) 리모델링할 때 주민들이 마을 행사로 인식해 적극적으로 도왔지요. 목사들이 마을에서 뭐 하자 하면 이견들이 거의 없었으니까요. 동네잔치를 하면 교회가 역할을 해주고 참 좋았던 관계였어요. 또 다른 일화는 서포리 해수욕장 주변에 도로 포장이 안 돼 도로가 파헤쳐 질 때면 삽을 들고 나갔는데 그 때마다 동네 아이들이 다 쫓아 나오곤 했지요. 바닷가에 나무와 쓰레기들이 많이 널려 있으면 학생들이 함께 주웠어요. 그래서 마을주민들은 교회를 좋게 보았던 거지요. 부면장님이 서포리에 사셨는데 교회 이미지가 좋아 마을에 일이 생기면 교회가 앞장서니까 면사무소와도 협조가 잘 이루어졌던 것 같아요."(이상길 목사)

최분도 신부의 소명의식과 지도력이 섬에서 전이된 걸까? 허선규 사무국장은 굴업도 핵폐기장 반대투쟁을 술회하면서 반세기 전 덕적도에 머물렀던 최분도 신부를 소환했다.

"1962~76년까지 덕적도에서 최분도 신부님이 주민들을 위해 많은 일을 하셨어요. 신부님은 미군 함정을 인수해 병원선으로 개조하여 서해5도를 순회하며 수많은 환자들을 돌보고, 섬마을에 전기가 들어오게 하고, 상수도시설, 김 양식 등 마을공동체를 구축하셨지요. 마을주민들은 신부님과 혼연일치 되에 마을의 발전을 위해 노력했어요. 송은호 어르신이나 서재송 사목회장님도 대표적 인물이었어요. 그분들도 존경과 신망이 두터웠고 마을의 어려움이 닥치자 굴업도 핵폐기장 반대투쟁의 중심에서 활동하셨어요."(덕적도 허선규)

1972년 당시 덕적면(덕적도, 소야도, 문갑도, 굴업도, 백아도, 울도) 인구 7,190명 중에서 기독교 신자는 1,797명(25%), 천주교 신자는 1,584명(22%)이었다. 그러나 1988년 1월 기독교 신자는 661명(37.2%), 천주교 신자는 155명(8.7%)으로 기독교 신자는 12% 증가한 반면 천주교 신자는 13.3% 감소한다.

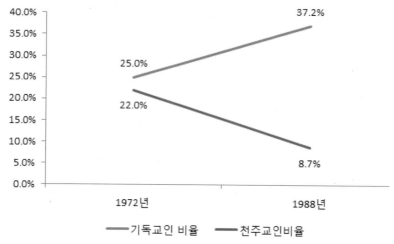

1988년 덕적도 본섬만 국한하여 보면 1,128명이 거주하고 있으나 이들 가운데 학업 등으로 타지에 거주하고 있는 인구를 감안하면 덕적도 실제 거주자는 약 600~700명 정도로 파악된다. 이들 주민의 60~70% 가량이 기독교인이며 교회와 마을이 유기적인 관계 맺고 있었다. 천주교는 1976년 최분도 신부가 덕적도를 떠나고 1980년 주안동 본당 관할 공소로 편입된 후 신자 수가 감소한다.

"처음에는 정부에서 하는 사업을 우리가 반대해서 이길 수 있을까 하는 회의적인 반응이 컸어요. 그런데 주민도 모르게 밀실에서 사업을 추진해 온 것에 대해 주민들도 자존심이 많이 상했지요. 그리고 핵폐기장이 들어오면 관광과 수산물 판매가 어려워 질것에 대한 불안감도 컸어요. 그래서 '핵폐기장이 있는 곳에 누가 관광하러 올 것이며 수산물을 사 먹겠느냐?'고 주민들에게 호소했지요. 한 번은 소야도 어민들이 연안부두에 굴을 팔러 갔는데 상인들이 '앞으로 소야도에서 생산된 굴은 핵이 포함될 수 있어 팔기 어렵다'고 이야기를

했어요. 이에 소야도 어민들도 선뜻 합류해 반대 운동의 맨 앞에 섰던 것 같아요."(덕적도 허선규)

"목사님들과 신자 등 교회가 하나가 되어 일사분란하게 움직이고, 새벽기도회를 통해서 매일 기도를 드리니까 그것 자체가 홍보였지요. 핵은 하나님께 도전하는 것이다. 핵에 관한 문제는 하나님 소관이라고 생각한다고 교인들을 설득하니 소야리나 다른 섬까지 하나로 동참하였지요. 가장 큰 원동력은 목사님들과 신자, 심지어 마을주민들까지 한마음이 되었던 것이었어요. 대외적으로 우리의 입장을 알리거나 우리가 육지에서 행사할 때 시민단체의 도움을 많이 받았어요. 시골 교회가 굉장히 어려운데도 교회에서 비용을 많이 부담했거든요. 한 예로 배를 탈 때에 돈이 많이 드는데 그런 부분은 교회에서 모으거나 여러 교회에서 능력 되는대로 돈을 모아주었어요. 주민들이 자발적으로 많이 내주었고, 강제성은 없었어요. 목사님과 교인, 주민들에게 굉장히 고마웠지요." (이상길 목사)

당시 연합예배에서는 첫째, 창조신앙 위배되는 핵폐기물 반대한다. 둘째, 생태계를 파괴하는 핵쓰레기 반대한다. 셋째, 주민생계 위협하는 핵폐기장 결사반대한다. 넷째, 주민의 의사 무시하는 어용관리 물러가라. 다섯째, 주민여론 오도하는 어용언론 물러가라 등의 결의를 했다.

이처럼 덕적도 주민들이 자발적으로 반대운동에 참여하게 된 배경은 무엇일까?

첫째, 정부의 밀실정책을 꼽을 수 있다. 정부는 굴업도가 무인도에 가까울 만큼 인구가 적고(9명), 육지와 멀리 떨어져 인근 대도시 주민들의 반발을 최

소화할 수 있다고 생각했다. 이러한 안일한 인식에서 비롯된 밀실정책은 결과적으로 덕적 주민들의 큰 반발을 불러왔다.

둘째, 주민들은 핵폐기장으로 인한 환경파괴 및 관광수입, 수산물 판매에 대한 불안감이 많았다.

셋째, 덕적도에는 마을공동체가 형성돼 있었다. 덕적도는 최분도 신부와 기독교 목사들이 마을과 함께하는 사목활동으로 (종교적)마을공동체를 형성하고 있었다.

마을공동체 활동 속에서 마을 지도자들이 만들어진다. 마을 지도자들은 마을공동체를 발전을 위해 리더십을 발휘한다. 1994년 12월 정부가 일방적으로 밀실에서 굴업도 핵폐기장을 건설을 추진하려고 하자 마을지도자들은 반대투쟁을 이끌었다. 마을공동체를 통해 송은호 수석대표, 고 서재송 사목회장, 박진호 장로 등 마을 지도자들이 활동하였고 그분들은 마을에서 존경과 신망이 두터웠다. 그분들은 마을공동체가 위기를 맞이하자 굴업도 핵폐기장 반대투쟁의 중심에 서서 활동했다.

요즘 마을공동체, 마을만들기가 유행처럼 번지고 있다. 왜 마을공동체가 중요하며, 마을지도자들은 지역현안에 어떻게 대처해야 하는지를 굴업도 핵폐기장 투쟁이 보여주고 있다. 마을공동체 사례를 멀리서 찾지 말고 가까이서 찾아보기를 권하고 싶다.

10

체험을 즐겨보자

체험을 즐겨보자

1. 낚시

바다낚시의 경우 방파제나 갯바위에서 낚시를 하거나, 배를 타고 나가서 하는 선상 낚시가 있다. 물고기를 잡는 방법에 따라 원투낚시, 루어낚시로 구분한다. 원투낚시(원거리로 멀리 던지는)는 낚싯줄에 미끼(지렁이 등)와 봉돌을 달아 멀리 던져서 바닥에 가라앉힌 다음 바닥에 있는 물고기를 낚는 방법이다. 그냥 기다리면 되고 기술을 요구하지 않으며 장비 마련이 저렴하여 초보자가 즐기기에 좋다.

루어낚시는 숟가락 모양의 스푼이나 물고기 모양의 인조 미끼를 사용하여 물고기를 잡는 낚시이다. 릴을 사용하여 던지기와 감기를 반복하는 방법이다. 주로 갯바위나 방파제 등에서 낚시를 하며 포인트를 따라 계속 이동하기 때문에 역동적이다.

갯바위 루어낚시

민물낚시와 다르게 바다낚시를 하려면 먼저 날씨와 물때표를 알아야 한다. 바람이 심하거나 날씨가 좋지 않으면 바다낚시는 좀 어렵다.(물론 이 때 가능한 어종도 있지만) 바닷물은 지구·달·태양 간의 인력에 의하여 조석간만(潮汐干滿)의 차이가 발생한다. 해수면의 상승으로 육지 쪽으로 밀려오는 물은 밀물, 해수면의 하강으로 바다 쪽으로 빠지는 물은 썰물이라 하고 조석간만에 의하여 높아진 해면은 고조(高潮) 또는 만조(滿潮)라고 하고, 낮아진 해면은 저조(低潮) 또는 간조(干潮)라고 한다.

지구와 태양과 달이 일직선상에 놓이는 그믐과 보름 직후, 즉 음력 2~4일과 17~19일에는 조석간만의 차가 가장 커서(물이 세게 흐르는 시기) 사리때라고 부른다. 반대로 태양과 달이 지구에 대하여 직각으로 놓이는 상현과 하현직후, 즉 음력 8~10일과 23~25일에는 만조와 간조 수위 차이가 가장 작아서(물의 흐름이 약할 때) 조금때 라고 부른다.

우리나라의 어민들은 예로부터 음력의 날짜에 경험적으로 '물때'를 맞추어 왔다. 물때는 15일을 주기로 하여 하루 단위로 나누었는데, 1개월에 모든 '물'이 두 번씩 나타나도록 하였다.

조금부터 시작하여 그 다음 날은 무시라고 하고, 시간이 경과하여 밀물이 많아짐에 따라서 한물에서 열물까지 두었는데, 사리때는 여덟물에서 열물까지의 기간에 나타난다. 열물 뒤에는 밀물이 점차 감소하여 한꺾기·두꺾기·아치조금이 지난 다음 조금이 다시 돌아온다[1]

지역마다 다르지만 보통 배 선상 낚시는 2~3물, 루어낚시는 사리때(7~9물) 낚시를 한다. 바다낚시를 가려면 우선 그 지역의 물때를 먼저 알고 가야한다.

---

1) 한국민족문화대백과사전.

1) 당일 낚시

● 무의도 · 소무의도

무의도(舞衣島)는 인천국제공항이 있는 영종, 용유도의 남서쪽에 있으며 행정구역상 인천광역시 중구 무의동이다. 최근 다리가 연결되어 자동차로 갈수 있어 봄, 가을에는 낚시 및 등산, 여름에는 해수욕장 방문으로 차량이 크게 밀리는 편이다.

무의도 · 소무의도는 최근 광어가 많이 잡혀 유명해졌다. 낚시터는 대무의도의 경우, 무의대교 근처, 광명항, 덕적방파제, 소무의도는 다리아래, 부처깨미 해변, 몽여 해변이 유명하다. 소무의도는 광명항에서 걸어가야 하며, 낚시 입장료 3,000원을 소무의도 주민들이 받고 있다. 보통 몽여 해변은 초물에, 부처깨미 해변은 중물 이후에 광어가 잘 잡힌다고 한다.

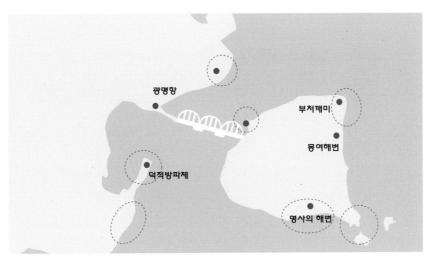

〈대무의도, 소무의도 낚시터〉

소무의도 박대묵(벌버리묵)

박대 생선껍질로 만든 소무의도 박대묵

옛날엔 인천에서도, 박대, 민어 등 생선 껍데 기를 이용해서 겨울철에 묵을 쒀서 먹었다곤 하는데, 겨울철에 소무의도 해병호집에서 만 들어 판매한다. 거의 콜라겐 덩어리이며 시원 한 맛이 일품이다.

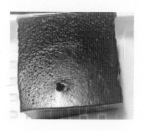

박대묵은 주로 양력 11월에서 이듬해 3~4월까지 만들어 먹은 겨울철 음 식이었다. 이는 기온이 조금만 높으면 묵이 저절로 녹아 버리기 때문이었 다. 옛날에는 가정에서도 쉽게 만들어 먹었으며, 할머니들이 직접 만들어 길가에 좌판을 벌여놓고 팔기도 했던 향토 음식이었다.

물에 불려 비늘을 벗긴 박대 껍질에 물을 넣고 박대 껍질이 녹아 없어질 때까지 끓인 후 체에 밭친 것을 묵 틀에 부어 굳혀 만든다. 박대의 껍질을 이용해서 만든 묵이기에 박대 껍질묵이라고도 하며, 묵이 흔들리는 모양 이 벌벌 떠는 것 같다고 하여 벌버리 혹은 벌벌이묵이라고도 한다.

자료 : 디지털 군산문화대전

2) 1박 2일 낚시 및 체험

● 자월면

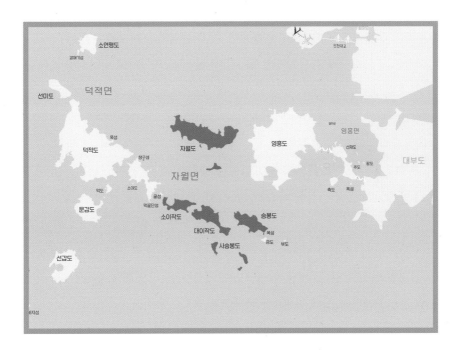

자월면은 인천 연안부두에서 배를 타고 1시간 전후, 대부도 방아머리에서는 1시간 이내에 갈 수 있다. 2021년 3월 현재 인구는 자월도 420명, 이작도 230명, 승봉도 132명이다.

청일전쟁이 시작된 '풍도해전'이 일어난 풍도가 주변에 있다. 풍도는 야생화가 유명한 섬이다. 자월도는 조선시대에 소홀도(召忽島)로 표기되었다. 소홀도는 『용비어천가』에 기록되어 있는 것으로 소(召)는 읍(邑)이고, 홀(忽)은 성(城)의 뜻이므로 작은 성이 있는 섬 또는 작은 섬 정도의 뜻으로 추정할 수 있다.

그러므로 '작달만한 섬', '자달 섬'을 훈차한 것이라 할 수 있다.[2]

자월도는 장골 해안, 큰말해안 해변, 목선 구름다리가 유명하다. 자월도 해안가 주변 떡바위 등은 광어 낚시로 유명하다. 4월에 벚꽃이 만발하여 트래킹하기 좋다. 최근에 미래형 항공 교통수단인 개인비행체(PAV · Personal Air Vehicle) 특별자유화구역으로 선정되어 PAV 중심지로 떠오르고 있다.

이작도는 고려말과 조선초기에 왜구들이 이 섬을 점거하고 삼남지방에서 올라오는 세곡선을 약탈하던 근거지라 하여 이적(夷賊) 또는 이적(二賊)이라 불렀다고 한다.

대이작에는 큰풀안 해수욕장, 작은 풀안 해수욕장, 목장불 해수욕장이 있으며 가족단위로 해수욕이 가능하고 다양한 체험을 할 수 있다. 작은 풀안 해수욕장 앞에는 밀물과 썰물에 따라 하루에 2번 모래섬이 나타난다. 이 모래섬을 풀등(생태계보전지역 4호)이라고 한다. '강물 속에 모래가 쌓이고 그 위에 풀이 수북하게 난 곳'이라 하여 풀등이라 부른다. 약 35억 년 전에 생성된 우리나라 최고령 암석도 있다. 개남리 개남 분교에 섬마을 선생 촬영지가 있다. 이작도의 농어건작탕과 섭(홍합)탕이 유명하다.

좌:농어건작탕, 우:섭(홍합) 탕, 사진제공: 이작 아일랜드

2) 인천광역시시사편찬위원회. 인천광역시사. 인천의 섬과 역사문화, 2017.

대이작도에는 부아산 및 송이산이 있어 등산도 가능하며 정상에서 보는 경치가 아주 좋다. 이작도 앞 바다에는 국제여객선 이나 화물선들이 정박하고 있다가 도선사의 안내에 따라 인천항으로 들어온다.

대이작도 풀등, 사진제공: 최경희 작가

승봉도는『대동여지도』와『대동지지』에는 승황도(昇黃島)로 표기되었다. 신(申)씨와 황(黃)씨가 새로이 경작하며 살던 곳이라 하여 신황도(申黃島)라 불렀다고 하며, 그 후 봉황새가 승천하는 모습이라 하여 승봉도(昇鳳島)라 하였다고 전해진다. 승봉도는 서해안 섬 중에서 벼농사가 상당히 발달한 지역으로 신석기시대 패총이 발견되기도 했다. 1972년도 기준으로 1인당 쌀 수확량을 보면 덕적도 41kg, 소야도 20kg, 문갑도 6kg이나 승봉도는 138kg이다. 일설에는 승봉도 사람들은 1년 농사 지으면 3년 동안은 쌀 걱정이 없다고 한다.

이일레 해수욕장에 펼쳐져 있는 길이 1,300m, 폭 40m 정도의 백사장은 경사가 완만하고 수심도 낮아서 가족단위 이용이 편리하다.

● 자월도

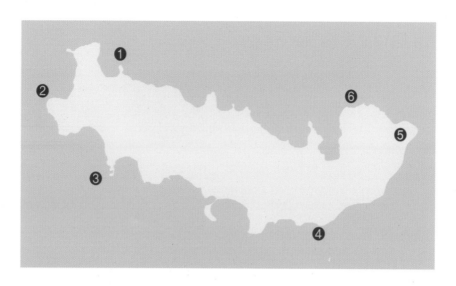

　자월도 갯바위 낚시터는 ❶마바위, ❷큰굴 부근, ❸목섬 부근, ❹분모골, ❺ 굴뿌리, ❻떡바위 등이다.

● 승봉도

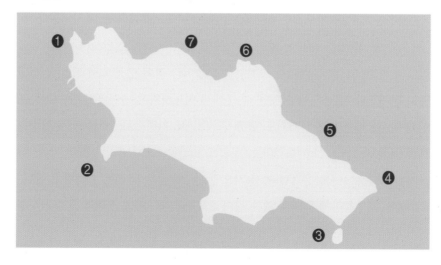

승봉도 낚시터는 ❶선착장 옆, ❷목께, ❸목섬, ❹촛대바위, ❺철탑앞, ❻남대문바위. ❼부채바위 등이다.

승봉도는 우럭이나 광어낚시도 잘 되는 편이고, 사리때 조개나 소라, 해삼 그리고 다시마, 미역 채취도 가능하다.

승봉도 광어

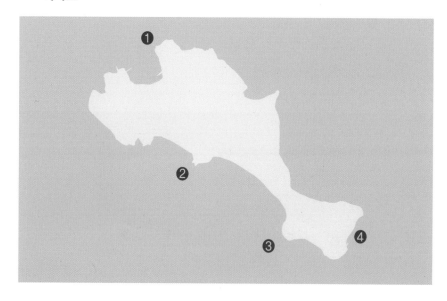

대이작도 갯바위 낚시터는 ❶오형제 바위, ❷작은풀안, ❸덕진말(도깨비바위), ❹개남분교 해안가 등이다.

대이작도 광어

● 연평도

연평도의 주요 어종은 광어, 노래미, 농어, 숭어, 우럭 등이다. 우럭 및 광어낚시는 초보자들이 가능하고 농어는 전문가들이 가능하다. 농어낚시를 전문으로 하는 부경호(선장 조철휘)에 문의하면 된다.

루어낚시는 그럽웜, 메탈지그, 미노우 플러그, 지그헤드 등을 사용하며, 농어의 경우는 생새우 미끼에 외수질낚시로 한다. 주로 배를 이용한 선상 낚시는 갈매기바위, 구지둑턱, 얼굴바위 근처가 포인트이다.

연평도 광어 선상낚시

3) 2박 3일 낚시

● 대청도, 소청도

대청도, 소청도 낚시는 갯바위나 배를 이용한 선상 낚시를 주로 한다. 선상 낚시는 전동릴을 이용하거나 주낙을 사용한다. 미끼는 미꾸라지 및 오징어 이 며 연안여객터미널 근처에서 판매한다. 선상 낚시를 하기 때문에 물때의 경우 2~3물에 낚시를 한다. 어종은 우럭, 광어, 노래미 등이다.

다만 인천에서 멀리 떨어져 있어 물때, 날씨 등을 참조하여 출조해야 한다.

대청도 서풍받이 주변 갯바위 광어낚시, 소청도 선상 우럭낚시

2. 트래킹 및 등산

● 장봉도 갯티길

최근 인천관광공사는 장봉도 갯티길 이라고 해서 트래킹 코스를 개발하였다. 갯티길은 물이 빠지면 육지고 물이 들어오면 바다가 되는 것을 말한다.

장봉도에는 트래킹 코스가 7개 있다.[3]

1코스 : 신선놀이길(8.21km)–장봉선착장–상산봉–장봉1리–말문고개–국사봉–헬기장–진말마을회관

2코스 : 하늘나들길(3.2km)–진말마을회관–장봉3리 팔각정–봉수대–가막머리전망대

3코스 : 구비너머길(4.03km)–장봉3리 팔각정– 봉수대–석산터

4코스 : 장봉해안길(3.92km)–축동마을정류장–윤옥골–해안길전망대–가막머리전망대

5코스 : 야달인어길(4.62km)–장봉치안센터팔각정–야달선착장–강구지–건어장해변

6코스 : 한들해안길(3.55km)–장봉치안센터–다락구지전망대–한들해변–제비우물–능선길구름다리

7코스 : 장봉보물길(4.4km) – 진촌마을–장술과뿌리–혜림원둘레길

---

3) 인천관광공사.

이중에서 4코스, 5코스, 6코스 등은 해안가를 따라 걷는 코스로 유명하다.

특히 4코스 해안길은 동만도, 서만도와 만나고 우리나라 젓새우 최대어장인 만도리 어장, 은염어장을 만날 수 있다. 가막머리 전망대에서 북쪽으로 보면 강화군 주문도, 석모도 및 강화본도를 볼 수 있다.

4코스 해안길

동만도, 서만도

가막머리 전망대

●승봉도 둘레길

　승봉도는 해안가 주변으로 데크를 설치해서 해안가 일주가 가능하다. 주변이 비교적 완만하여 누구나 트래킹이 가능하다. 특히 신황정, 촛대바위나 남대문 바위는 경치가 좋은 편이다.

　둘레길 구간은 산림욕장 입구－부두치－해안산책로－승황정－촛대바위로 총 거리 3km에 2시간 30분 정도 소요.

산림욕장 가는길

산림욕장

촛대 바위

남대문 바위

●무의도 호룡국산 등반

주 등반코스는 무의도 선착장–당산–헬기장–국사봉–구름다리–호룡곡산–광명선착장으로 전체 7km정도이며 3시간 소요.

호룡곡산 정상에서 본 영흥도, 자월도

최근 산림청에서 국립 무의도 자연휴양림을 개장하여 운영하고 있다. 하나깨해수욕장 주변 용유·무의 둘레길은 용유지역의 선녀바위 문화탐방로와 무의지역의 해상관광 탐방로 및 둘레길 코스가 유명하다.

무의도 해상관광 탐방로

● 대이작도 부아산 및 송이산

부아산은 아기를 업은 형상이라 하여 불려진 이름이다. 부아산 구름다리가 유명하며, 정상에서 보는 주변경치와 일출, 일몰이 뛰어나다.

선착장 입구 등산로-부아산-주차장-송이산-큰풀안 마을 약 3.5km 구간을 걷는데 2시간 정도 소요.

부아산 정상에서 본 대이작도, 소이작도 선착장

송이산에서 본 승봉도

● 자월도 국사봉

국사봉은 자월도에서 가장 높은 산으로 나라에 국상이 생겼을 때 국운을 기원하는 곳이며, 봉수터가 있어 봉화를 올렸다고 한다.

주요 등반코스인 자월3리-큰말(도로)-국사봉-달바위 선착장 구간의 총거리 4km 2시간 정도 소요.

국사봉 사진

멀리 먹통도 등대가 보이고, 오른쪽 산 정상에 천문공원을 조성하고 있다.

● 덕적도 비조봉 등산

섬주변에서 비조봉(292m) 정상을 오를 수 있는 코스는 4개가 있다. 감투처럼 생겼다하여 감투바위, 비조봉 정상에서 바라다 본 덕적도 해안가 경치가 좋다.

서포리해수욕장-비조봉-진말(진1리)-진리해변 구간의 경우 총거리 2.4km에 약 1시간 30분 소요.

비조봉에서 본 서포리

● 대청도 삼각산(삼서길)

매바위-삼각산 정상-광난두 정자각

총 거리는 6km정도 이며 약 2시간 30분 정도 소요.

🚢 인천 섬을 가려면(교통편)

가고 싶은 섬	출발 여객터미널	출발 여객터미널 주소	선사
소청도 대청도 백령도	인천항 연안여객터미널	인천 중구 연안부두로 70(항동7가 85-73) 1599-5985	고려고속훼리 1577-2891
대연평도 소연평도			에이치해운 1644-4410
덕적도 소야도[1]			
문갑도, 지도 울도, 백아도 굴업도	인천항 연안여객터미널- 덕적도-나래호	버스 간선12, 간선24, 36	
자월도 대이작도 소이작도 승봉도	인천항 연안여객터미널		(인천)대부해운 032-887-6669
	방아머리항 여객터미널	경기 안산시 단원구 대부황금로 1567-2 버스 일반123, 직행300, 광역 790	대부해운 032-886-7813
신도, 시도 장봉도	삼목여객터미널	인천시 중구 영종해안북로847번길 63 버스 간선204, 지선2(중구), 지선5(중구), 좌석 307	세종해운 032-751-2211 한림해운 032-746-8020
강화 주문도 아차도 볼음도[2]	선수 선착장	인천 화도면 해안남로 2781	삼보해운 032-932-6007
대무의도 소무의도	자동차, 버스	동인천역 6번 버스 동인천역북광장 306번 인천국제공항 (3층 GATE 7) → 222, 111, 306번 버스	–

* 배표 예매 한국해운조합, 가보고 싶은 섬. http://island.haewoon.co.kr
* 기상여건에 따라 선박운행은 변동이 있을 수 있음

---

1) 방아머리항 여객터미널에서 출항하는 여객선도 있음
2) 하리항 ↔ 미법도 ↔ 서검도 삼보해운에 문의

참고문헌

강건희, 홍어의 세계적 분포와 기능성, 여수대학교 산업대학원, 2003.

경기도사편찬위원회, 경기도사 제 6권, 2004.

곡성군청, 당신에게 들려주고 싶은 곡성이야기, 2018.

국립수산과학원, 1957.

국립중앙박물관, 서해도서조사보고, 1957.

국토연구원, 평화밸트 구축을 위한 남북접경지역 이용방안, 2004.

권오중, 대청도에 온 원의 유배인, 인문연구, 1998.

김광현, 덕적도사, 1985.

김보영, 한국전쟁 휴전회담시 해상 분계선 협상과 서해 북방한계선(NLL),사학연구 제 106호,
　　　　2012.

김영례 · 한진섭, 동백나무 잎 추출물의 피부질환균에 대한 항균효과 및 항산화 활성, 대한미용
　　　　학회지 Vol.10 No.1, 2014.

김인희, 여송시대 해상교류에 있어 닝보항과 저우산군도의 관계, 도서문화, 제42집, 2013.

김정률 · 김태숙, 인천시 옹진군 소청도에 분포한 섬캄브라이언의 지층에서 산출된 스트로마
　　　　톨라이트와지질학적 중요성, Jour Korea Earth Science Society, Vol 20, No1,
　　　　1999.

김종길, 보물선 고승호 발굴신청, 해양한국, 2001.

김준, 젓새우잡이의 역사와 어로문화도서문화 제31집, 2008.

김준, 파시의 해양문화사적 의미구조-임자도 타리파시와 재원파시를 중심으로,

도서문화 제24집, 2004.

남북교류협력지원협회, 2016.

내무부, 도서지, 1972.

대청면지, 대청면지편찬위원회, 1999.

도상학, 백아도 약용식물 분포조사, 생약학회지, 1970.7.

디지털 군산문화대전.

목동훈, 경인일보, 2011.8.30.

문화재청.

박광순 · 김승, 우리나라 젓새우잡이 어업의 발전 · 현황 · 과제, 한국도서연구 10편, 1999.

박재권, 연평도 꽃게산업 활성화 방안연구, 인하대학교 경영대학원, 석사학위논문, 2013.

박종오, 젓새우잡이 어법의 변화, 남도민속연구 제 18집, 2009.

박종오, 홍어잡이 방식의 변천과 조업 유지를 위한 제문제, 한국학연구28, 한국학연구소, 2008.

박준모, 어획방법 변천에 따른 조기 어장의 이동에 관한 연구, 한국농업사학회, 2012.

박천영외, 대청도 옥죽동 해안사구의 지형특징 및 발달과정에 관한 고찰, 한국지형 학회지,
　　　　제16권, 제1호, 2009.

박현희, 한국의 정치적 기회구조와 정치적 항의-굴업도 핵폐기물 처리장 설치 반대 항의를
　　　　중심으로-, 서울대학교 대학원, 석사논문, 1998.

백철인외, 한국연근해 참조기 어장 특성, 한국어업기술학회 2000년도 추계수산관련학회
　　　　공동학술대회발표, 2000 Oct. 01.

북한지역정보넷, http://www.cybernk.net.

서울대학교, 백령,대청,연평,소청 학술조사 보고, 1958.

서종원, 조기잡이 어업기술의 변화양상 고찰-그물 어업을 중심으로-, 도서문화 제34집, 2009.

서해수산연구소, 2014년도 서해 꽃게 봄어기 어황전망, 2014.

서해수산연구소, 서해꽃게 어황 전망, 2013.

송흥선, 아름다운 섬 풀꽃 나무이야기, 풀꽃나무, 2002.

수산청, 수산통계연보, 1970.

수산청, 수산통계연보, 1964.

수산통계포털, http://www.fips.go.kr

신증동국여지승람.

안영희, 한국의 동백나무, 김영사, 2013.

안정윤, 19세기 서해안지역의 새우젓 생산이 식생활에 미친 영향, 중앙대대학원, 2002.

연세대학교사회발전연구소, 효녀심청의 역사적 국문학적 고증, 2000.

오병훈, 해풍에 피는 정열의 꽃, 자생식물 Vol.24, 1992.

옹진군, 옹진군지, 1989.

월간 샘터, 1990.9.

윤명철, 신라하대의 해양활동연구 - 해양환경 및 대외항로를 중심으로, 국사관논총,
　　　　제19호, 2000.

윤형숙, 강화도 젓새우잡이 어업의 발달과 변화, 도서문화 제 34집, 2009.

윤형숙, 지구화, 지역토속 음식의 생산과 소비, 도서문화 32집, 2008.

이양숙, 연평도근해의 조기어업, 錄友研究論集 9, 이화여자대학교 사회과학과, 1967.

이창우, 발굴된 보물선의 소유권과 관련한 법제에 관한 연구, 2002.

이희환, 만인의 섬 굴업도, 작가들, 2012.

인천관광공사.

인천광역시 · 국립민속박물관, 조기의 섬에서 꽃게의 섬으로 연평도, 2019.

인천광역시시사편찬위원회, 인천광역시사, 인천의 섬과 역사문화, 2017.

인천광역시, 2018년 젓새우 자원량 정밀조사 연구어업결과, 2019.

인천연구원, 평화도시 인천 비전 및 전략 연구, 2019.

자원보호중앙협회, 자연실태종합조사보고서 제1 편, 1982.

장명훈 · 조현수 · 권대현 · 차병열 · 황자혜 · 한경남 · 임양재,
    황해 동부해역 참홍어의 지리적 분포특성과 어획량 변동, KOREA JOURNAL OF
    ICHTHYOLOGY, Vol 26, No4, 2014.

정문기, 조선석수어고, 1939.

정문기, 조선어도보, 일지사, 1977.

조선왕조실록 1793년.

중앙수산시험장, 한국수산물어획고표, 1956.

진영규, 한반도 동백나무 분포대에 대한 식물사회학연구, 창원대학교 박사학위논문, 2003.

차은석, 홍어의 발효기간과 조리기간에 따른 품질 특성연구, 세종대대학원석사논문, 2004.

최문희 · 민영자 · 오득실 · 신현재, 동백나무잎 추출물의 여드름피부 개선 효과,
    대한피부미용학회지, Vol.10 No.3, 2012.

최영준, 국토와 민족생활사, 한길사, 1997.

최운식, 심청전 관련 설화의 전승 양상과 성격, 교육행정, vol 23, No.4, 2007.

프로프, 구전문학과 현실, 교문사, 1994.

한국민속대백과사전.

한국수산지, 한국수산지 제1권, 1910.

한국학중앙연구원.

한재철, 한선의 구조와 변천, 목포대학교, 2000.

해양수산부, 2021.9.9.

신문방송

경향신문 1987.7.1.
뉴스천지 2014.5.19.
부산일보 1939.12.29.
동아일보 1923. 8.16.
동아일보 1937.8.27.
동아일보 1939.6.9.
동아일보 1962.8.18.
동아일보 1935.2.24.
동아일보 1970.3.17.
동아일보 1988.11.26.
매일경제 1972.3.13.
매일경제 1981.1.13.
매일신보 1925.8.1.
매일신보 1931.9.16.
매일신보 1933.11.8.
MBC뉴스 1994.12.15.
MBC뉴스 2003.10.24.
한겨레신문 1992.3.20.

섬에서 만난 현대사의 증인들

인천에서 고등학교를 다니던 소년시절, 인천앞바다와 섬은 산골에서 자란 나에게 당장 달려가고픈 미지의 세계였다. 덕적도, 대청도, 강화 등지에서 뭍으로 유학온 반 친구들의 자기 섬 자랑은 충청도 산골에서 자란 나의 호기심을 자극하였다. 거기에 한 몫 더한 조우성 국어 선생님의 인천 향토사 이야기는 소년의 가슴에 섬을 심어주고도 남았다.

그래도 섬에는 한참 후에나 들어섰다. 후배가 승봉도 고향에서 군 생활을 하고 있어 처음으로 승봉도를 가보고 크게 놀랐다. 끝없이 펼쳐진 이일레 해수욕장과 마주할 때 가슴이 두근거렸다. 대나무를 엮어 광어를 잡고, 밤에 후리그물(지금은 불법이지만)로 물고기를 잡으며 고교시절 그렇게 고향을 자랑해대던 친구 얼굴도 떠올랐다. 그때 이일레 해수욕장 모래밭에는 모닥불 피워놓고 쏟아지는 별과 함께 기타치고 노래 부르던 청년들이 있었다.

지금부터 12년 전후 인천의 민간경제연구소에서 굴업도 오션파크 건설에 관한 연구 용역에 참여하게 돼 나는 덕적도 주민들과의 인터뷰 기회를 가질 수 있었다. 그때 내 고교친구인 허선규와 같이 덕적도 송은호 어르신 및 옹진 섬의 많은 분들과 인연을 맺는 계기가 되었다. 덕적도 송은호 어르신의 인천앞바다 역사에 대한 생생한 증언과 연평도 조흥준 어르신의 연평도 조기가 사라진 이야기는 인터뷰 내내 나에게 커다란 충격으로 다가왔다.

이때부터 시간을 쪼개 인천 앞바다 섬을 찾았다. 어르신들과 만남을 시작한 것이다.

그동안 일손을 놓고 인터뷰에 응해주신 연평도 조흥준, 성도경, 대청도 손무남, 이명산, 김상렬, 소청도 이은철, 덕적도 송은호, 송상호, 고 서재송, 고 이장용, 이상길목사, 고 김광배님, 백아도 고봉덕, 울도 김상식, 문갑도 임성민, 김진규, 장봉도 고충신, 차광윤, 강화 석모도 배충원, 이주학 해일호 선장, 지유식 선수어촌 계장, 소야도 계시는 김태홍 선생님, 한국해저탐사연구소 편도영 어르신들께 머리 숙여 감사를 드린다.

러시아의 구전문학 연구자 프로프는 "구전문학은 귀중한 사료(史料)가 되며, 역사적 연구가 요구되는 구전문학은 그 자체가 귀중한 역사적 민족지학적 사료가 될 수 있다"고 언급처럼, 이 분들은 우리나라 현대사의 증인이면서 도서관이다.

우리가 살고 있는 인천 앞바다, 즉 서해는 우리나라 근·현대사 역사의 중심지였다. 풍도해전에 따른 청일전쟁, 제물포 해전과 러일전쟁, 그리고 한국전쟁의 판도를 바꾼 인천상륙작전이 서해에서 벌어졌다. 지금도 NLL(북방한계선)을 사이에 두고 남북간 긴장 관계가 계속되고 있다.

우리나라 근·현대사 역사의 중심지인 인천 앞바다에서 현대사의 증인들의 경험을 바탕으로 나의 전공(경영정보)인 통계 데이터를 씨줄과 날줄로 연결하여 저술하였다.

인천앞바다에 잠재력이 있거나 현재도 특산물로 존재하는 조기, 꽃게, 홍어, 젓새우, 민어와 위도 상 높은 지역임에도 불구하고 난대식물인 대청도, 소청도, 백아도 동백나무, 원형설화인 심청전의 고향 백령도, 65년 전 (종교)마을공동체운동을 시작했던 최분도 신부님의 마을공동체운동과 굴업도 핵폐기장 반대투쟁에 대한 교훈 등을 담아 출간하게 되었다.

끝으로 이 여정을 이끌어준 하석용 박사님, 조우성 선생님, 대청도 이명산, 소청도 이은철 형님, 바다해설사인 정철진 후배, 김정렬 형님, 임성훈 경인일보 본부장, 사진을 무료로 제공해준 김지연 및 문경숙님, 추천사를 써주신 태동철 원장님, 홍기용 교수님, 신영희 시의원님께도 감사인사를 드린다.

2023. 새해 아침

김용구

맛있는 인천 섬 이야기

초판 인쇄 2023년 1월

지은이　김용구
사진제공 김지연, 문경숙, 최경희, 이은철, 박준복
펴낸곳　광창문화사

ISBN　979-11-980290-0-3 (03910)

판매 · 공급 ｜ 푸른나무출판
전화 ｜ 031-927-9279
팩스 ｜ 02-2179-8103